DEVO DIZER A VERDADE ?

E OUTRAS **99** PERGUNTAS
SOBRE COMO SE SAIR BEM
EM ENTREVISTAS DE EMPREGO

TRADUÇÃO SILVIA REZENDE

DEVO DIZER A VERDADE?

ROB YEUNG

E OUTRAS **99** PERGUNTAS SOBRE COMO SE SAIR BEM EM ENTREVISTAS DE EMPREGO

editora Original

Este livro segue as normas do novo ACORDO ORTOGRÁFICO

© 2008 Rob Yeung

Esta edição foi publicada com a autorização da Marshal Cavendish Limited, London.

Diretor editorial
Marcelo Duarte

Coordenadora editorial
Tatiana Fulas

Assistente editorial
Juliana Amato

Projeto gráfico e diagramação
Divina Rocha Corte
Natália L. B. Ferrari

Capa
Guilherme Xavier

Assistente de arte
Fernanda Pedroni

Estagiária
Juliana Paula de Souza

Preparação
Alessandra Miranda de Sá

Revisão
Carmen Costa
Patrícia Vilar
Fernanda A. Umile

Impressão
Orgrafic

CIP – BRASIL. CATALOGAÇÃO NA FONTE
SINDICATO NACIONAL DOS EDITORES DE LIVROS, RJ.

Y49s

Yeung, Rob
　　Devo dizer a verdade? – E mais 99 perguntas sobre como se sair bem em entrevistas de emprego / Rob Yeung; tradução Silvia Rezende. – São Paulo: Original, 2010. 224 pp.

　　Tradução de: Should I tell the truth? – And 99 other questions about succeeding at interviews and job hunting

　　ISBN 978-85-62900-01-3

　　1. Procura de emprego. 2. Candidatos a emprego. 3. Mercado de trabalho. I. Título. II. Título: e mais noventa e nove perguntas sobre como se sair bem em entrevistas de emprego

09-4086.　　　　　　　　　　　　　　　　　　　　　　　CDD: 650.14
　　　　　　　　　　　　　　　　　　　　　　　　　　　　CDU: 331.535

2010
Todos os direitos reservados à
Editora Original Ltda.
Rua Henrique Schaumann, 286, cj. 41
05413-010 – São Paulo – SP
Tel./Fax: (11) 2628-1323
edoriginal@pandabooks.com.br
www.pandabooks.com.br

Sumário

Prefácio		11
1	Quero um emprego novo. Por onde devo começar?	13
2	Como deve ser um currículo perfeito?	15
3	Devo adaptar meu currículo?	17
4	Como ser encontrado por um *headhunter*?	19
5	Devo mentir quanto a estar desempregado?	22
6	Quanto tempo vai demorar até eu conseguir um emprego?	24
7	Como ter certeza de que o próximo emprego será o certo?	26
8	Para que tipo de empresa deveria estar trabalhando?	28
9	Será que é realmente necessário construir uma rede de relacionamentos?	30
10	O que significa exatamente fazer networking?	32
11	Como estruturar uma boa rede de relacionamentos se não conheço ninguém importante?	34
12	Vale a pena pagar por serviço de consultoria de carreira?	36
13	Será que todos os consultores de carreira são enroladores e mestres da enganação?	38
14	Por que um currículo não deve ultrapassar duas páginas?	40
15	Devo incluir *hobbies* e interesses pessoais no currículo?	42
16	Quais informações pessoais *não* devo colocar no currículo?	44
17	Qual a melhor maneira de utilizar a internet quando estiver à procura de emprego?	45

18	Como atrair a atenção do selecionador para o meu currículo?	47
19	Devo informar no currículo quais são os meus objetivos?	49
20	Quais seções devo incluir no corpo do currículo?	51
21	Formação ou experiência: o que deve vir primeiro?	54
22	Quais são as chances de ser apanhado caso minta sobre qualificações?	56
23	Será que é possível se sair bem caso exagere sobre a experiência no currículo?	58
24	Vale a pena preencher fichas de inscrição?	60
25	Qual a melhor forma de apresentar o currículo caso queira mudar de carreira?	62
26	Existe um lado negativo em omitir datas no currículo?	64
27	Por que deve-se evitar o formato cronológico tradicional do currículo?	66
28	Por que deve-se ter cuidado com consultores de recrutamento e *headhunters*?	68
29	Como lidar com objeções como ser "superqualificado" para um trabalho?	70
30	Que tipo de realizações deve-se colocar no currículo?	72
31	O que fazer para que realizações soem mais atraentes no currículo?	74
32	Quais são os maiores erros que os candidatos cometem nos currículos?	76
33	Funciona fazer gracinhas e truques no currículo?	78
34	Como escrever uma carta de apresentação decente?	80
35	Alguma dica de como escrever a carta de apresentação perfeita?	82
36	Como lidar com questões delicadas como pretensões salariais?	84
37	Qual o melhor caminho para arrumar um emprego?	87
38	Como ocultar um período de desemprego no currículo?	89
39	O que não colocar no currículo?	91
40	Qual a melhor maneira de impulsionar uma campanha de ampliação da rede de relacionamentos?	93
41	Qual a melhor maneira de apresentação quando estiver fazendo networking?	95

42	Como garantir que a conversa flua naturalmente quando estiver fazendo networking?	98
43	Para começar a estruturar uma rede de relacionamentos, para quem telefonar primeiro?	100
44	Qual é a melhor maneira de ampliar a rede de relacionamentos: por telefone ou cara a cara?	102
45	Quais são as "regras de conversa" cara a cara em um encontro para fazer networking?	104
46	Como disfarçar o nervosismo e a timidez quando estiver fazendo networking?	106
47	O que é bom perguntar quando estiver fazendo networking?	108
48	Quais erros não cometer quando estiver fazendo networking?	110
49	O que fazer para ampliar o número de pessoas da rede de relacionamentos?	112
50	É necessário um cartão de visitas?	114
51	Qual é a melhor maneira de fazer networking em conferências e coquetéis?	116
52	De que maneiras posso aproveitar as pessoas da rede de relacionamentos como fontes de informação?	118
53	Como ter certeza de que o currículo não está ruim?	120
54	O que fazer quando a rede de relacionamentos não estiver gerando referências?	122
55	Como realçar o perfil na rede de relacionamentos?	124
56	Vale a pena enviar uma carta de apresentação para uma empresa que não tenha anunciado a vaga?	126
57	Como redigir uma carta de apresentação espontânea e *eficaz*?	128
58	Será que devo enviar uma carta de apresentação espontânea para gerentes de linha ou de RH?	130
59	Como conseguir o emprego esperado sem ter as qualificações necessárias?	132
60	É interessante arriscar as vagas de empresas de pequeno porte?	134
61	O que fazer se precisar apresentar referências quando não há uma boa relação com o chefe ou ex-chefe?	136

62	É desonesto manipular referências?	138
63	Quanto é preciso pesquisar antes de uma entrevista?	140
64	Como impressionar um empregador para quem eu queira *muito* trabalhar?	142
65	É verdade que a maioria dos entrevistadores decide se gostou ou não do candidato em alguns minutos?	144
66	O que os entrevistadores realmente buscam?	146
67	Devo decorar respostas para perguntas de uma entrevista?	149
68	É verdade que a linguagem corporal importa mais do que o que se diz?	151
69	Como parecer mais convincente durante uma entrevista?	154
70	Como saber se causarei uma boa impressão durante a entrevista?	156
71	É preciso levar uma pasta executiva cheia de "brinquedinhos" para as entrevistas?	158
72	Até que ponto "ser você mesmo" durante uma entrevista?	160
73	Qual é o momento certo de se calar durante uma entrevista?	162
74	Que cor de gravata ou blusa usar em uma entrevista?	164
75	Quais são as armadilhas mais comuns feitas em entrevistas?	166
76	O que é uma "seleção baseada em competências"?	168
77	Qual a melhor forma de responder a perguntas com base no perfil de competências?	170
78	Quais são as possíveis áreas de competências para as quais posso ser testado?	172
79	A idade é realmente um problema?	175
80	Como controlar o nervosismo durante uma entrevista?	177
81	Devo dizer a verdade?	179
82	Quais são as possibilidades de ser apanhado caso eu minta?	181
83	Devo admitir o motivo pelo qual quero sair do emprego atual?	183
84	Por que as tampas dos bueiros são redondas?	185
85	Como devo reagir caso o entrevistador faça uma pergunta ofensiva?	187

86	É verdade que devo me "espelhar" no entrevistador para estabelecer uma boa empatia?	189
87	Qual o melhor modo de lidar com perguntas sobre pretensões salariais?	191
88	Vale a pena praticar para testes psicotécnicos?	193
89	Devo forjar as respostas nos testes de personalidade?	195
90	Quais são as melhores perguntas a serem feitas para os entrevistadores?	197
91	Quais são as perguntas que nunca devem ser feitas em uma entrevista?	200
92	Deve-se enviar uma carta de agradecimento ou isso já está fora de moda?	202
93	É possível os entrevistadores darem algum feedback útil depois das entrevistas?	204
94	Socorro! Por que estou sendo chamado para entrevistas, mas não estou recebendo ofertas?	206
95	O que fazer caso não esteja sendo chamado para nenhuma entrevista?	208
96	Como não entrar em pânico caso fique desempregado por algum tempo?	210
97	O que fazer quando os entrevistadores acabam com uma impressão errada a meu respeito?	213
98	Por que ainda não consegui arrumar um emprego?	215
99	Devo jogar com duas ofertas de emprego?	218
100	Mais algum conselho antes que eu aceite uma oferta de emprego?	220

Prefácio

Você já se perguntou como encontrar o emprego perfeito? Talvez queira entender como outras pessoas parecem conseguir propostas para mudar de emprego ou aprovação em todas as entrevistas de que participam. Pode se perguntar qual a melhor forma de organizar o seu currículo ou o que dizer para impressionar os entrevistadores. Ou, como sugere o título do livro, deseja saber até onde pode fantasiar a verdade ou até mesmo se é possível contar uma grande mentira sem ser descoberto.

Existem outros livros que tratam do tema "busca por emprego". Mas este é diferente. Eu sou diferente. Entrevisto candidatos para ganhar a vida. Treino entrevistadores para ser vencedores. Ajudo empregadores a decidir que perguntas devem fazer e quais respostas esperar. Analiso uma montanha de currículos e decido quais devo descartar e quais guardar. Já trabalhei com alguns dos expoentes mundiais em *headhunters* e observei como os melhores candidatos se destacaram da multidão. Por isso, confie em mim quando afirmo que sei como encontrar o emprego certo para você. Na verdade, acho que terei problemas com vários empregadores por entregar o jogo.

Encontrar o emprego perfeito é realmente um jogo. E, como qualquer outro, também tem suas regras. Se você segui-las, terá boas chances de conseguir um bom emprego. Mas, como dizem as crianças, a melhor maneira de vencer um jogo é trapaceando. Sim, você leu corretamente. Organize as cartas do baralho, tenha um ás escondido na manga e chute para o gol. Os empregadores estabelecem regras e esperam que os caçadores de empregos as sigam, mas os melhores candidatos sabem quais regras devem seguir sem titubear, quais admitem um pouco de flexibilidade e quais devem ser ignoradas por completo. Os contratados nem sempre são os melhores candidatos à vaga; na maioria das vezes, apenas sabem mais sobre como conquistar a contratação. É simples assim.

Este livro trata de como conseguir ser contratado. Portanto, leia-o inteiro se quiser encontrar respostas às perguntas que sempre quis fazer. Mas leia também as respostas para as perguntas que você *deveria* ter feito. Leia tudo para aprender o que fazer na conquista do emprego que lhe proporcionará tanto sucesso quanto alegria.

Rob Yeung
rob@talentspace.com.uk

1
Quero um emprego novo. Por onde devo começar?

Encontrar o emprego perfeito às vezes pode ser um grande mistério. Existem algumas pessoas que parecem receber novas propostas de emprego sem sequer terem atualizado o currículo; outras passam meses ou mesmo anos à procura de uma recolocação sem obter nenhum sucesso. Mas, antes de começar, aqui estão as verdades essenciais que todos os caçadores de empregos precisam saber a respeito de como encontrar uma ótima proposta:

- *O termo é "caça" ao emprego.* Não é "ficar sentado, esperando que alguém apareça pelo caminho". Entregar a busca por uma colocação nas mãos de um consultor de recrutamento, ou de qualquer outra pessoa, não é sair à caça, e sim esperar. Para obter sucesso, você deve procurar pelos prováveis empregadores. Deve tentar descobrir as pessoas certas dentro da empresa para pedir informações, dicas e referências. Precisa localizar quem é que decide e tentar convencê-lo, com bons argumentos, de que é necessário você estar na equipe dele. Se lhe parecer um trabalho árduo, você está certo, pois é.

- *Persistência compensa.* As chances de encontrar o emprego certo são diretamente proporcionais à quantidade de tempo e esforço que foi empenhada na busca. Presumindo que esteja fazendo a coisa certa, e passe dez horas por semana à procura de emprego, vai conseguir uma colocação muito mais rápido do que alguém que se dedique apenas cinco horas por semana. Perdoe-me se a informação lhe parecer óbvia, mas muitas pessoas encaram o desemprego como uma oportunidade para relaxar. Se estiver desempregado, a busca por recolocação deve ser encarada como um novo trabalho em tempo integral, que requer em média uma dedicação de cinco dias por semana. Se ainda estiver empregado, considere a busca por um novo emprego como a tarefa mais importante, ainda que tenha de desempenhá-la em paralelo.

- *As pessoas são as melhores fontes.* Empregadores, serviços de aconselhamento profissional e consultores de carreira estimam que entre 50% e 85% de todas as vagas são preenchidas por meio de indicação. Poucos são os candidatos que conseguem se recolocar por terem apenas respondido a um anúncio on-line ou de jornal. Portanto, eis um bom motivo para que você dedique grande parte do tempo para estar em contato com pessoas, e não sentado diante do computador, procurando anúncios de emprego, enviando currículos e preenchendo fichas de inscrição. Peça aos contatos que avaliem seu currículo e o ajudem a se preparar para as entrevistas. Considere as pessoas como fontes de informação sobre oportunidades que não foram divulgadas. Passe horas lembrando-as de sua existência e quem sabe elas não possam lhe indicar onde encontrar o trabalho que você procura.

> **Dedique boa parte do tempo para estar em contato com pessoas, e não sentado diante do computador.**

2
Como deve ser um currículo perfeito?

Não existe uma definição de currículo perfeito, pois o que funciona para alguns não funcionará necessariamente para outros. Assim, aqui estão os cinco pontos principais para a elaboração de um currículo *quase* perfeito:

1. *Ressalte os pontos fortes e omita os fracos.* A beleza de criar um currículo em vez de preencher uma ficha-padrão é que você *escolhe* o que escrever. Você pode decidir quais competências específicas e realizações destacar ou omitir, ou ainda deixar de mencionar quaisquer informações que eventualmente não queira que o empregador saiba de imediato (ler pergunta 25).

2. *Pense na metade da primeira página do currículo como sua propaganda de horário nobre.* Coloque as principais conquistas e melhores habilidades no espaço nobre do currículo. Feito isso, o selecionador pode dar uma olhada no restante apenas em busca de informações secundárias. É necessário aumentar as chances de atrair a atenção dessa pessoa. Esconder uma realização importante ou informação-chave em alguma outra parte do corpo do currículo não é a escolha mais inteligente. Chame a atenção do leitor para sua maior qualidade logo de início.

3. *Limite-se a duas páginas apenas.* Batidas curtas e suaves reverberam por mais tempo. Mais de duas páginas indica ao selecionador que você é uma pessoa prolixa e não consegue priorizar o que é mais importante. São essas as mensagens que quer passar aos selecionadores? Se realmente necessitar adicionar mais informações, considere a possibilidade de incluir um apêndice (ler pergunta 14).

4. *Use os recursos negrito ou caixa alta para destacar palavras-chave ou frases.* Se o empregador estiver procurando alguém que tenha "diploma em biologia molecular" ou experiência como "atendente de balcão de uma mercearia movimentada", e você possui exatamente a experiência requerida, por que não ressaltar sua competência em **negrito** ou CAIXA ALTA para assegurar que o selecionador não passe despercebido pela informação?

5. *Permita que o conteúdo fale mais alto que o estilo.* Evite a todo custo usar papel colorido ou perfumado, fotos em anexo ou certificados e outros documentos (a menos que solicitado), bem como todos os tipos de artifícios e rebuscamentos. Com certeza, você vai atrair a atenção do selecionador, mas pelos motivos errados (ler pergunta 33).

> *Escolha* o que escrever. Decida quais habilidades e realizações destacar ou omitir.

3

Devo adaptar meu currículo?

Antigamente era hábito criar um currículo-padrão para enviar com cartas de apresentação diversas. Assim como era costume usar sanguessugas no tratamento de enfermidades, apesar de imaginar que você não vá querer fazer uso de um parasita anelídeo da próxima vez que adoecer. Portanto, não confie na utilização de um único currículo também.

Um currículo-padrão é como uma mala direta — está mais focado no produto (você) do que no comprador (empregador). Enviar um currículo-padrão em vez de adaptá-lo a cada empresa é como decorar o roteiro de respostas de uma entrevista e decidir repeti-las sem se importar com as perguntas que estão sendo feitas.

Claro que é muito mais trabalhoso adaptar o currículo, mas entender como as empresas executam o processo de triagem de currículos pode ser útil para convencê-lo a nunca mais enviar o mesmo currículo para empregadores distintos. É crescente o número de empresas que utilizam escâneres e programas de reconhecimento de caracteres ópticos para buscar palavras-chave. Se suas competências e experiências não forem compatíveis com o que eles procuram, provavelmente você será descartado. Mesmo quando a empresa não recorre a programas de computador, elas podem contratar funcionários em começo de carreira para examinar currículos com a instrução de buscar apenas palavras-chave.

Se um empregador faz um anúncio procurando por candidatos que sejam "flexíveis", mencionar que você tem "facilidade de se adaptar" não é suficiente. Se querem um gerente com experiência em "liderança de projetos complexos de reorganização" e em "lidar com depositários tanto internos quanto externos", mencionar no currículo que já "gerenciou grandes projetos" e "lidou com grande número de funcionários, clientes e fornecedores" não é o suficiente.

Leia novamente o anúncio e sublinhe todas as habilidades, competências e experiências que são desejadas, e as incorpore, palavra por palavra, no currículo. Repita letra por letra. Se a busca é por alguém capaz de atingir "metas agressivas de vendas", então escreva literalmente no currículo que você ultrapassou "metas agressivas de vendas". O seguro morreu de velho. Não deixe que o funcionário inexperiente ou o programa de computador decidam se você é ou não a pessoa certa para a função.

Não custa nada repetir aos selecionadores o que eles querem ouvir. Esteja contando isso para duas empresas ou para uma centena, não importa; adapte seu currículo. Até mesmo duas organizações concorrentes no mesmo setor industrial e praticamente idênticas, com um número quase igual de funcionários, às vezes requerem dois currículos adaptados de maneira individual. Uma centena de empresas? Acho que você já pegou o espírito da coisa.

> Não custa nada repetir aos selecionadores o que eles querem ouvir.

4

Como ser encontrado por um *headhunter*?

Devem ser poucas as pessoas de sorte que nunca precisaram procurar por um emprego. As melhores e mais significativas colocações parecem surgir magicamente no caminho desses poucos, por cortesia de uma empresa de recrutamento de executivos ou de um consultor de recrutamento.

Mas a verdade é que receber um telefonema de uma dessas empresas não é algo que "acontece do nada"; pessoas são chamadas por empresas de recrutamento porque *fizeram* algo para que isso acontecesse. Por certo, o normal é que os empregadores os procurem, mas existe um imenso esforço e trabalho preparatório para entrar no mundo dos *headhunters*.

A seguir, veja o que pode fazer para que isso aconteça:

- *Inicie o contato.* Sim, é isso mesmo. Você não precisa esperar que os *headhunters* o procurem. Mas tenha em mente que empresas de recrutamento em geral são especializadas em ramos distintos, setores industriais específicos ou candidatos com níveis de experiência diferenciados. A empresa *top* de mercado para colocação de candidatos com MBA pode ter pouco interesse, digamos, em finanças ou em especialistas em recursos humanos. Pergunte às pessoas de sua rede de relacionamentos (ler pergunta 41) quais são os consultores de recrutamento ou as empresas de recrutamento de executivos mais adequadas para quem busca uma colocação com as *suas competências e experiência*, e então lhes envie um currículo. Como as empresas de recrutamento normalmente estão abarrotadas deles, o ideal é encontrar alguém na rede de relacionamentos que possa apresentar o seu a uma pessoa em particular dentro de uma dessas empresas — isso se realmente estiver interessado em fazer contato.

- *Contatos, contatos, contatos.* Empresas de recrutamento normalmente contratam pesquisadores de mercado a fim de ajudar a identificar os possíveis candidatos para ocupar determinada posição. Quanto mais pessoas souberem de suas habilidades e disponibilidade, maiores serão as chances de um dos pesquisadores ligar para um dos contatos e seu nome ser citado.

- *Enriqueça seu perfil.* Apresente trabalhos em conferências e dê palestras em fóruns industriais. Escreva um artigo sobre negócios ou até mesmo algo para o jornal interno da empresa onde trabalha. Em especial na era da internet, escrever nem que seja uma citação de uma linha para o jornalista de algum site industrial desconhecido (e certifique-se de que o jornalista tenha escrito o nome corretamente e mencionado a função e a empresa para a qual trabalha!) pode ser suficiente para que você surja no campo de busca de uma empresa de recrutamento.

- *Procure vagas nos sites das empresas de recrutamento.* Headhunter, ou "caça talentos", em português, não é mais o termo apropriado para o trabalho que as empresas de recrutamento de executivos fazem, pois essa já não é mais a indústria de capa e espada que costumava ser. Muitas empresas postam nos sites informações sobre as vagas disponíveis e se colocam à disposição dos candidatos para fornecer mais detalhes.

> Pessoas são chamadas por empresas de recrutamento porque *fizeram* algo para que isso acontecesse.

5
Devo mentir quanto a estar desempregado?

Antigamente estar desempregado costumava ser um verdadeiro estigma, mas hoje a maioria dos empregadores reconhece que mesmo a mais talentosa das pessoas pode vez ou outra se encontrar nessa situação, seja por culpa dela ou não. Empregadores inteligentes sabem que já não é mais justo discriminar automaticamente alguém por estar desempregado.

Esteja lidando com rede de relacionamentos ou sendo entrevistado, a melhor política com certeza é ser honesto. É claro que mencionar uma briga feia com o chefe ou que foi demitido por incompetência não ajudará na imagem de ótimo candidato. De qualquer modo, seguem algumas boas justificativas para dar em tais circunstâncias:

- O departamento foi reestruturado ou o trabalho executado pela equipe foi terceirizado, ou, ainda, o departamento foi transferido para outro país e, assim, eliminaram sua função.

- Você tinha questionamentos éticos e morais quanto ao modo como o trabalho da equipe vinha sendo efetuado e, após pesar os prós e os contras, decidiu ir embora.

- Você ponderou sobre as opções e tomou a decisão de dar um tempo na carreira profissional a fim de cuidar de um membro doente da família, por exemplo, ou de fazer um curso, investir em algum interesse pessoal, ou mesmo dar uma folga a si mesmo depois de uma fase particularmente exaustiva da carreira.

Pode ser que você se sinta tentado a mentir sobre seu *status* empregatício e fingir que ainda está trabalhando. "Ajuste" as datas no currículo. Em uma entrevista, ou quando estiver lidando com a rede de relacionamentos, fale sobre o trabalho no tempo presente em vez de mencioná-lo no passado. A probabilidade é de que você consiga se safar. Mas, caso seja descoberto depois, ainda que já tenham se passado vários meses, é provável que seja demitido. Os empregadores não veem com bons olhos a mentira. Portanto, a escolha e o risco são seus. Você se considera uma pessoa de sorte?

Mesmo que tenha sido demitido por motivos questionáveis, provavelmente é melhor admitir que está desempregado e justificar a demissão aludindo a diferenças de opiniões do que mentir e fingir que ainda está trabalhando.

> Os empregadores não veem mentiras com bons olhos.

6
Quanto tempo vai demorar até eu conseguir um emprego?

Você pode ter ouvido alguém mencionar que foi questão de semanas entre atualizar o currículo e começar em um emprego novo, mas eu diria que não se pode acreditar em tudo que se ouve. As pessoas costumam ser cautelosas ao divulgar que estão à procura de emprego, portanto podem estar fazendo-o há meses antes de resolver contar aos outros que estão em busca de uma recolocação.

Estou tentado a dizer que o tempo que leva para alguém à procura de emprego conseguir se recolocar pode variar, e deixar por isso mesmo. É evidente que a recolocação pode depender de vários fatores, que variam desde a situação econômica à escassez de mão de obra na sua área e no mercado de trabalho.

Mas dizer apenas que "pode variar" não ajuda muito. Portanto, segue aqui a regra básica: encontrar uma nova colocação pode demorar *pelo menos* de 16 a 24 semanas caso tenha a pretensão de receber um salário mensal de 12 mil reais.

Como pode imaginar, existem muito mais vagas disponíveis para iniciantes do que para gerentes seniores. Um candidato a uma vaga de alto executivo de uma multinacional pode levar mais de um ano para se recolocar; já um candidato que esteja buscando uma vaga de administrador júnior pode conseguir um novo emprego em um mês ou mesmo em algumas semanas.

Contudo, fica implícito nessa regra que você está investindo o tempo equivalente a um trabalho de período integral (isto é, de trinta a quarenta horas semanais) à procura de um emprego: que esteja trabalhando na rede de relacionamentos, lendo sobre as empresas empregadoras, enviando currículos e assim por diante, em vez de ficar sentado aguardando que as oportunidades apareçam pelo caminho (ler pergunta 1).

Espero, sim, que a sua busca por um novo emprego demore bem menos tempo, mas você deve se preparar tanto financeira quanto psicologicamente para continuar procurando durante pelo menos o tempo estimado aqui; qualquer coisa a menos deve ser considerada um bônus.

7

Como ter certeza de que o próximo emprego será o certo?

Muitos de nós assumimos determinado cargo por obra do acaso. Por um motivo ou outro, seguimos certo caminho ainda que possam existir outras carreiras às quais poderíamos ter nos adaptado melhor. Você pode desejar se candidatar a uma vaga em outras empresas para a mesma função que já exerce. Mas o emprego certo é aquele que vai lhe proporcionar *tanto* sucesso *quanto* satisfação.

Quais são seus objetivos de vida? Quais são seus sonhos e aspirações não realizados? *O que quer fazer da vida antes de morrer?* Não existe época melhor do que o presente para refletir sobre as opções de carreira, para verificar se o próximo emprego vai aproximá-lo do tipo de função que realmente almeja desempenhar.

Um bom exercício para ajudá-lo a refletir sobre o que espera do próximo emprego é se imaginar morto. Sei que pode parecer um pouco macabro, mas projete a si mesmo daqui a muitos anos no futuro e imagine que tenha vivido uma vida longa e feliz. Seus amigos estão reunidos no velório para lhe prestar uma homenagem. O que *gostaria* que dissessem a seu respeito? Como gostaria de ser lembrado?

Lide com o exercício do tributo fúnebre como se fosse um experimento e faça a seguinte pergunta: "E se...?". O céu é o limite. O que você espera da vida e da carreira? Quando tiver uma ideia de como deseja ser lembrado, poderá então voltar a trabalhar com o aqui e o agora. Se tiver ambições para o futuro, qual a relação delas com o próximo emprego? É um clichê dizer que nenhuma pessoa em seu leito de morte desejou ter passado mais tempo no escritório; portanto, como você pode redirecionar a carreira para assegurar que nunca terá arrependimentos?

Reconheço que tais questionamentos são profundos. Mas esboce pelo menos um rascunho de algumas de suas ideias e garanto que a busca pela recolocação será bem mais suave. Ter uma boa noção do tipo de funções e empresas que são ideais para você significa que poderá se concentrar na busca pelo novo emprego. Você investirá energia tendo como alvo apenas organizações e funções que se adaptem a seu perfil em vez de se desgastar tentando conhecer melhor empresas ou procurando uma colocação que não esteja de acordo com suas aspirações e valores.

> O emprego certo é aquele que vai lhe proporcionar *tanto* sucesso *quanto* satisfação.

8

Para que tipo de empresa deveria estar trabalhando?

Mesmo que você já saiba qual é a sua vocação, seja para cientista ou consultor financeiro, professor ou executivo de vendas, vale a pena refletir sobre o tipo de empresa para a qual deseja trabalhar. Para a maioria das pessoas, a prioridade não é arrumar *um* emprego, mas sim o emprego *certo*.

Reserve alguns minutos para pensar sobre as características do emprego de seus sonhos. Caso não consiga sair do lugar, seguem algumas sugestões:

- *Missão ou objetivo.* Você deseja trabalhar para uma instituição de caridade ou uma empresa com fins lucrativos? Seria feliz se trabalhasse tanto para uma empresa que vende cerveja ou equipamento de telecomunicação quanto para uma que vende roupas infantis ou alimento?

- *Cultura e valores.* Como as pessoas se relacionavam umas com as outras em empresas nas quais você gostou ou odiou trabalhar? Que tipo de cultura e valores devem estar implícitos na nova função que você busca?

- *Tamanho e perspectivas.* Você quer trabalhar para uma empresa local de pequeno porte, talvez até mesmo familiar, que lhe dê a sensação de fazer parte do todo, ou para uma empresa de grande porte ou internacional, que ofereça possibilidades de crescer profissionalmente?

- *Localização e viagem.* Onde você quer trabalhar? Quanto está disposto a viajar?

- *Marca e nome no mercado.* É importante trabalhar em uma empresa renomada? Ou você ficaria igualmente satisfeito se trabalhasse em uma empresa de que poucas pessoas, além de seu círculo, tenham ouvido falar?

> Para a maioria das pessoas,
> a prioridade não é
> arrumar *um* emprego,
> mas sim o emprego *certo*.

9

Será que é realmente necessário construir uma rede de relacionamentos?

É claro que você não *tem* de fazer nada. No entanto, optar por não montar uma boa networking, ou rede de relacionamentos, vai reduzir drasticamente as chances de encontrar uma ótima colocação. Já mencionei que (ler pergunta 1) cerca de 50% a 85% das vagas são preenchidas por indicação, às vezes pela indicação de um funcionário, um fornecedor, ou um contato direto. Decidir por não estruturar uma rede de relacionamentos pode reduzir em mais de 85% as chances de conquistar o emprego certo. Como lhe soam essas perspectivas?

Existe um vasto "mercado de trabalho oculto" porque os empregadores não consideram suficientemente satisfatório os resultados obtidos por anúncios on-line ou de jornal. Vários empregadores preferem não anunciar por acreditar que os candidatos que surgem por intermédio de indicação correspondem mais às suas expectativas do que os que respondem a anúncios de emprego.

Mas não se trata apenas do número de oportunidades que podem surgir; é uma questão de qualidade também. As melhores vagas são preenchidas por alguém com indicação. As pessoas tendem a indicar uma vaga para os amigos ou contatos quando o trabalho é atrativo e a remuneração é boa, portanto é comum que candidatos menos atraentes também sejam chamados. Optar por não estabelecer uma rede de relacionamentos pode não significar apenas que você passe muito mais tempo esperando pelo surgimento de uma boa oportunidade, mas que ainda terá de se contentar com os cargos menos atraentes, que já foram rejeitados por quem possui uma rede de relacionamentos bem estruturada.

Posso compreender que você se sinta um pouco envergonhado ou com receio de entrar em contato com outras pessoas, pois muitas (eu mesmo, inclusive) sentem-se do mesmo jeito. Mas deixemos claro desde já: fazer networking não é implorar por um emprego. Na verdade, o segredo na construção de uma boa rede de relacionamentos é nunca pedir por um emprego, pois dessa forma as pessoas se sentem desconfortáveis, ficam subitamente muito ocupadas e acabam se "esquecendo" de retornar as ligações ou responder a e-mails.

Meu argumento final em favor da estruturação de uma rede de relacionamentos é que ela permitirá que você tenha o controle da busca por uma recolocação. Quando se envia um currículo em resposta a um anúncio de emprego, às vezes a empresa que está contratando nem se dá ao trabalho de acusar o recebimento do envio. Ser rejeitado, e sequer saber por que foi descartado, pode com o tempo prejudicar a autoestima. Manter uma boa rede de relacionamentos lhe garantirá o meio (educado) de perseguir as pessoas até obter uma resposta.

> **Fazer networking não é implorar por um emprego.**

10
O que significa exatamente fazer networking?

Networking é apenas um termo pomposo, em inglês, que significa entrar em contato com pessoas e conseguir o apoio delas (ler pergunta 46). Estruturar uma rede de relacionamentos, ou fazer networking, é um modo de conhecer e atingir um número maior de pessoas. Isso funciona de acordo com o princípio de que é mais fácil conseguir ajuda e informação de alguém que o conheça ou que pelo menos conheça alguém que o conheça.

— Olá, Sam Jones me passou seu nome e disse que talvez você pudesse me ajudar.

Você conseguiria fazer isso? Teria coragem de pegar o telefone ou enviar um e-mail mencionando o nome de um conhecido seu? Se for capaz de fazê-lo, conseguirá estruturar uma rede de relacionamentos.

Mais especificamente, montar uma boa networking para tentar conseguir uma colocação tende a ser usada por dois motivos:

1. Informação e fonte de referência.

2. Realçar o perfil.

Consideremos primeiramente a informação e a fonte de referência.

- *Sobre uma empresa.* Por exemplo: "Tenho uma entrevista marcada para a semana que vem na Max Enterprises e Janet Chung me contou que você trabalhou lá e que por isso talvez possa me dar algumas dicas", ou "Estou disputando uma vaga na Johnson & Lang. Janet Chung me disse que talvez você pudesse me contar como é trabalhar lá".

- *Sobre um setor industrial.* Por exemplo: "Estou considerando a possibilidade de mudar para o setor de varejo. Você teria alguns minutos para me contar sobre sua experiência de como é trabalhar com varejo?".

- *Sobre a escolha de uma carreira.* Por exemplo: "Estou pensando em mudar de carreira e me tornar enfermeira. Você poderia me falar um pouco sobre sua formação?".

- *Buscando referência de terceiros.* Por exemplo: "Estou interessado em trabalhar para a Archon Enterprises. Você conhece alguém que possa me falar um pouco mais sobre aquela empresa?", ou "Que outra pessoa que trabalhe na área você poderia me indicar para conversar a respeito?".

Estabelecer relacionamentos com o propósito de enriquecer seu perfil leva basicamente a uma pergunta: "Você por acaso conhece alguém que esteja procurando por uma pessoa com as minhas habilidades e experiência?". É claro que na prática a abordagem precisa ser um pouco mais elaborada (ler pergunta 55), e não se esqueça de perguntar às pessoas se elas por acaso sabem de alguma oportunidade em vez de perguntar diretamente se têm um trabalho para você.

Uma busca proativa por colocação deve incorporar a rede de relacionamentos tanto para enriquecer o perfil quanto para coletar informações sobre oportunidades específicas.

11

Como estruturar uma boa rede de relacionamentos se não conheço ninguém importante?

Você não precisa conhecer ninguém "importante" para estruturar uma boa rede de relacionamentos. O objetivo central de se relacionar é atingir pessoas que você *ainda* não conhece e entrar em contato com elas.

Para provar o argumento, digamos que conheça apenas dez pessoas no mundo todo. Se pedisse a cada uma delas que lhe indicasse duas outras pessoas com quem pudesse falar, de súbito o número de contatos já subiria para mais vinte pessoas, atingindo um total de trinta. E se você pedisse a cada uma das vinte que lhe indicasse mais dois nomes cada? De novo, o número de contatos cresceria para mais quarenta pessoas, atingindo um total de setenta. Como pode perceber, uma rede de relacionamentos pode crescer rapidamente.

Quando estiver se relacionando com as pessoas, vai perceber que elas estão dispostas a auxiliar. Tudo que você está pedindo são alguns minutos do tempo delas. Se demonstrar respeito pela experiência e conhecimento de cada uma, descobrirá que a maioria se mostra feliz em poder ajudar.

Pense de acordo com essa perspectiva: se alguém lhe telefona e menciona o nome de algum conhecido, você no mínimo vai escutar o que o outro tem a dizer, certo? Se a pessoa que telefonou explicar que aquele conhecido em comum disse que você é um especialista na sua área de atuação, pode ser que se sinta até lisonjeado. E se a pessoa lhe pedisse 15 minutos de seu tempo para trocarem algumas ideias, você se sentiria ultrajado? Particularmente, se quem ligou demonstrar que não deseja atrapalhar, pois você pode estar muito ocupado, e que não se importa caso prefira retornar a ligação em outro momento ou talvez marcar um encontro em local, dia e hora de sua preferência. O que lhe parece?

Você não precisa conhecer uma única pessoa importante para iniciar a rede de relacionamentos. Na verdade, os *headhunters* costumam dizer que os chamados *weak ties*, ou "laços fracos" em português – pessoas que acabam conhecendo melhor por intermédio da rede de relacionamentos do que aquelas que conhecem pessoalmente –, são os que acabam se tornando os melhores candidatos. À medida que falar com mais e mais pessoas, acabará eventualmente cruzando com indivíduos que podem ter uma vaga de emprego em aberto, saber de alguma oportunidade de trabalho ou ter uma dica a respeito de uma perspectiva de emprego.

> Você não precisa conhecer uma única pessoa importante para iniciar a rede de relacionamentos.

12

Vale a pena pagar por serviço de consultoria de carreira?

Sugiro que pense duas vezes antes de pagar por um serviço de consultoria de carreira.

Em primeiro lugar, tome muito cuidado com as empresas que divulgam serviços como especialistas em gestão de carreira. Eles dizem que vão elaborar um currículo para você e que usarão o arquivo de banco de dados de vagas, e ainda garantem que será recolocado em questão de meses. Mas pense a respeito: se são de fato tão bem-sucedidos, você não acha que mais pessoas recorreriam a tal tipo de serviço?

Várias pessoas em busca de trabalho se preocupam, pensando se conseguirão encontrar o emprego certo. E, onde houver pessoas preocupadas, sempre existirão "abutres" dispostos a se aproveitar delas. É evidente que eles afirmam que garantem resultados. Mas em geral a única garantia é que você vai acabar desembolsando de antemão uma boa quantia. Se estiver pensando em usar serviços desse tipo de empresas, eu o aconselharia a falar com pessoas da rede de relacionamentos para pedir uma opinião sobre a tal empresa. Aposto uma boa quantia que nenhum deles já tenha ouvido falar da empresa ou conheça alguém que tenha utilizado serviços como esse. Sim, muitos consultores de carreira e *headhunters* costumam dar ótima consultoria profissional, mas são pagos pelo empregador — *eles não cobram de você* (ler pergunta 13).

Ainda existem empresas que se oferecem para criar o currículo certo para você. Eles costumam dizer que aprenderam com o passar dos anos como elaborar um currículo que fará com que se destaque. Infelizmente, empresas assim não estão sendo sinceras. Você é a única pessoa que de fato sabe quais são os altos e baixos da sua carreira. Como podem saber como destacar os pontos fortes e omitir os fracos? De qualquer maneira, o que dizem não será muito melhor do que dicas de algum livro sobre currículos. Dado que qualquer currículo que possam fazer será baseado em informações concedidas por você, por que então não escrever você mesmo?

Mas a maior preocupação em ter alguém que faça o currículo é no sentido de que um bom currículo sempre deve ser adaptado exclusivamente a cada vaga à qual estiver se candidatando (ler pergunta 3). Usar o mesmo currículo, ainda que seja para funções parecidas, sempre será menos eficaz do que reescrever cada um a fim de mostrar a cada empregador que você sabe perfeitamente o que estão procurando. Portanto, a menos que vá pedir a um especialista em currículos que reescreva um deles para cada vaga a que se candidatar, eu o aconselharia a cuidar disso você mesmo.

13

Será que todos os consultores de carreira são enroladores e mestres da enganação?

Em primeiro lugar, deixarei claro qual a diferença entre consultor de carreira e consultor de recrutamento. Um consultor de carreira vai querer seu dinheiro. O consultor de recrutamento é pago pela empresa contratante. Alguns consultores de carreira desonestos podem se autointitular consultores de recrutamento, mas se cobrarem uma taxa você deve considerá-los consultores de carreira (leia pergunta 12) em vez de recrutamento (ler pergunta 28).

Minha resposta à pergunta 12 não quer dizer que pense que *todos* os consultores de carreira são enroladores e mestres da enganação. A resposta apenas apresenta dois pontos principais. Primeiro, que você nunca deve pagar um alto valor adiantado. Segundo, que o desafio de escrever o currículo é tão vital que eu o encorajaria a escrevê-lo você mesmo.

Existem empresas de renomados consultores de recolocação, consultores de carreira e psicólogos que oferecem suporte e aconselhamento úteis. Por exemplo, você pode querer buscar a opinião de um consultor de carreira sobre possibilidades profissionais que nunca tenha considerado antes. Um consultor de recolocação profissional poderá lhe dar *sugestões* sobre o currículo em geral, mas, na verdade, vai deixar que você decida qual a melhor maneira de adaptar o currículo a cada empregador em particular. Psicólogos podem usar testes psicotécnicos para ajudar a apontar pontos fortes e fracos, preferências e valores dos quais talvez você não estivesse ciente. Ou podem fazer simulações de entrevistas e comentar como se saiu.

Consultores de carreira *podem* agregar valor. Mas, antes de decidir recorrer ao auxílio deles, pergunte a si próprio se não existe alguém na sua rede de relacionamentos capaz de lhe dar o mesmo tipo de aconselhamento, e de graça. Por exemplo, será que não existe alguém na rede com experiência (pessoas que trabalham na área de recursos humanos, por exemplo, ou cuja função de entrevistar candidatos faça parte de suas atribuições) para dar uma olhada em seu currículo ou ajudá-lo a se preparar para as entrevistas?

Finalmente, antes de pagar pelos serviços de qualquer tipo de aconselhamento profissional, certifique-se de que sabe o que está comprando. Peça que digam o que terá em troca do valor que vai pagar. Compre um serviço de aconselhamento profissional de acordo com regras claras e preestabelecidas. Faça um acordo prévio e pague por uma ou duas horas dos serviços deles, e então avalie os resultados antes de decidir se vai querer continuar recebendo aconselhamento.

> **Compre um serviço de aconselhamento profissional de acordo com regras claras e preestabelecidas.**

14

Por que um currículo não deve ultrapassar duas páginas?

É preciso ter em mente que seu currículo será um entre muitos que o empregador vai receber. Como tal, as chances são de seu currículo receber apenas alguns segundos de atenção.

Portanto, se for estruturado em cinco ou seis páginas, a informação mais importante que você quer transmitir ao selecionador ficará oculta no calhamaço de folhas. Mas, se forem apenas duas páginas, a informação mais importante tem maior chance de destaque. Muito bem, três páginas podem até não matar um selecionador, mas você prefere que ele gaste dez segundos dando uma olhada nas três páginas, torcendo para que consiga encontrar o mais importante, ou dez segundos lendo as duas páginas onde você tem certeza de que incluiu somente o conteúdo que realmente importa?

Mesmo quando o seu currículo é somente um entre alguns poucos candidatos e, por esse motivo, os selecionadores darão mais atenção a cada um, caso esteja se candidatando a uma vaga que requer conhecimento técnico muito específico, por exemplo, ou já seja tão experiente que existam poucas pessoas no mundo com experiência semelhante, ser breve só lhe trará vantagens. Altos executivos de algumas empresas me contaram que veem o currículo como um reflexo da personalidade do candidato. Um currículo extenso pode indicar que você é cansativo, não consegue priorizar atividades e gosta de escrever em interesse próprio. Essa é a mensagem que quer transmitir?

Só porque você tem muitos anos de experiência não significa que precisa escrever em particular sobre cada faceta, cada trabalho executado. Raramente os empregadores estão interessados no que você fez há mais de sete ou oito anos. É bem mais provável que um empregador queira saber em detalhes sobre os dois ou três empregos mais recentes, ou os quatro no máximo. Empregos anteriores devem ser citados de modo resumido e condensado. Se achar que realmente precisa incluir detalhes sobre as funções anteriores, coloque no formato de um apêndice que complemente o currículo de duas páginas. Assegure-se de intitular as páginas claramente como um apêndice para que o selecionador saiba que os pontos mais importantes estão nas duas primeiras.

Recapitulando: concentre-se nos empregos mais recentes. O restante não passa de mera distração.

> **Um currículo extenso pode indicar que você é cansativo, não consegue priorizar atividades e gosta de escrever em interesse próprio.**

15

Devo incluir *hobbies* e interesses pessoais no currículo?

Os empregadores às vezes têm ideias estranhas na cabeça. O que um pode considerar algo interessante e válido pode ser interpretado por outro como estranho ou motivo de riso. Pense com cuidado antes de incluir *hobbies* e interesses pessoais no currículo.

Certamente, não se dê ao trabalho de colocar que gosta de ler bons livros, assistir à televisão ou fazer trilha (indícios de que tem uma vida tão sossegada que não possui nada de emocionante para comentar). Não mencione que toca algum instrumento musical (maçante), a menos que tenha ganhado algum prêmio por isso. Não mencione que gosta de passar tempo com os filhos ou tenta ser um bom pai (outra vez, maçante; será que alguém escreveria que tenta ser um pai ruim?).

Ao incluir detalhes maçantes e *hobbies* comuns, você desperdiça o tempo da pessoa que está lendo o currículo. Em vez de indicar que é um indivíduo equilibrado, *hobbies* maçantes só confirmarão que você é, bem... maçante. Eu recomendaria a inclusão de interesses pessoais somente se forem recentes e relevantes, e cuja relevância pudesse ser relacionada à função à qual está se candidatando. Citar que você joga futebol com um time formado por corretores de seguro de determinada agência pode ser usado como prova de que se relaciona fora da empresa. Ter liderado o time do departamento e vencido um jogo de perguntas e respostas possivelmente pode ser usado para validar sua capacidade e poder de liderança.

Ou, se concluiu os estudos recentemente ou acabou de sair da escola, mencionar que foi capitão do time de futebol ou que sua dupla de tênis venceu um campeonato pode contar pontos. Assim como ter presidido um comitê ou ter participado de um corpo estudantil. Mas meras participações em quaisquer outras atividades não lhe darão nenhum destaque; muitos candidatos mencionam que "jogam futebol regularmente" ou "gostam de visitar museus".

Tome cuidado para não citar façanhas espetaculares demais. Ter conseguido angariar uma soma considerável para caridade indica que você é alguém influente e tem poder de persuasão. Mas ter conseguido uma soma *extraordinária* para caridade pode levantar suspeitas de que talvez seja mais apaixonado por interesses fora do campo profissional.

Não se esqueça de que tais feitos devem ser recentes. Evite citar façanhas fora do âmbito profissional no currículo se já aconteceram há mais de cinco anos. Mantê-las no currículo pode indicar que desde então você não fez mais nada de extraordinário.

> **Mencione interesses pessoais somente se forem recentes e relevantes.**

16

Quais informações pessoais *não* devo colocar no currículo?

Inclua somente nome, endereço e números de telefone para contato. Se tiver um endereço de e-mail profissional, em que conste seu nome, "rob", por exemplo, em vez de um apelido, como "gatão", pode incluí-lo também. Outras informações pessoais não são necessárias.

Sei que durante anos foi costume incluir o estado civil e o número de filhos. Mas os selecionadores não precisam saber disso, e não há lei que o obrigue a responder sobre sua vida pessoal e familiar. Assim como não é mais necessário incluir a idade no currículo (ler pergunta 85).

Mais uma vez, entendo que você possa querer mostrar aos empregadores que é uma pessoa estável. Mas, para ser honesto, a prioridade de um empregador é contratar alguém que traga resultados, que tenha as habilidades e competências certas para desempenhar a função. Portanto, não permita que informações desnecessárias sobrecarreguem o currículo e desviem a atenção das habilidades e capacidades principais. E, caso o selecionador seja um solteirão infeliz e odeie todas as pessoas casadas (ou tenha um casamento infeliz e inveje todos os solteiros), por que fornecer munição a ele?

17
Qual a melhor maneira de utilizar a internet quando estiver à procura de emprego?

Existe uma imensa variedade de vagas disponíveis on-line, mas a eficácia do sistema é sempre muito, muito duvidosa. Busque por vagas disponíveis na internet do mesmo jeito que costuma folhear o caderno de empregos de um jornal. Em todo caso, use a internet para se informar e pesquisar sobre o mercado de trabalho, possíveis vagas, alguma empresa em particular ou ainda a respeito de alguém. Mas não confie no mundo virtual para encontrar seu emprego.

Não sou grande fã de estatística, mas esta atraiu minha atenção. Estima-se que apenas entre 4% e 10% das vagas disponíveis são preenchidas via internet. E, ainda assim, o mais alto patamar da estimativa provavelmente se aplica de modo específico a posições técnicas ou relacionadas a TI (tecnologia da informação). Para outras funções, é possível que o número se aproxime de 4%. Compare que entre 50% e 85% das vagas são preenchidas por intermédio do boca a boca e da rede de relacionamentos. Espero que isso sirva para lhe indicar onde investir o tempo: menos de 10% on-line e mais de 85% no mundo real dos encontros cara a cara e das conversas por telefone. As pessoas são, e sempre serão, a maior fonte de informações (ler pergunta 1).

O problema em confiar na internet é que os empregadores raramente se dão ao trabalho de verificar as fichas de inscrição on-line. São tantos os candidatos que colocam as qualificações nesse sistema e se esquecem de remover os dados que muitos empregadores presumem automaticamente que as informações on-line estão desatualizadas. Mesmo que um site, por algum milagre, combine seu perfil com uma vaga em aberto, você só será cogitado para ocupar funções que sejam quase idênticas à ocupação atual ou anterior. Os sistemas de busca dos sites em geral não são sofisticados o suficiente para escolher uma carreira alternativa à qual é possível que seu perfil se encaixe. E você tampouco terá controle sobre o tipo de empresa, setor industrial ou cultura para os quais será indicado. Se tiver uma noção de qual é o emprego ideal (ler pergunta 8), então esse esquema será péssimo, uma vez que o sistema de busca dos sites procura somente por palavras-chave e frases entre suas competências e experiência.

Candidatos preguiçosos adoram a internet, pois podem apresentar o currículo e preencher fichas de inscrição-padrão, bem como esperar que o sistema de busca do site combine seus dados com as vagas disponíveis. Mas trata-se de uma esperança falsa. Parece que se está procurando emprego, porém não dará resultados.

> As pessoas são, e sempre serão, a maior fonte de informações.

18
Como atrair a atenção do selecionador para o meu currículo?

Do mesmo modo que o texto na contracapa deste livro o ajudou a decidir por comprá-lo ou não, um resumo de qualificações vai permitir que o selecionador decida após dar uma olhada rápida se vai ou não contratá-lo.

Às vezes chamado "perfil pessoal" ou "qualificações" apenas, um resumo de qualificações deve anunciar quem você é e indicar ao leitor seus pontos fortes e conquistas em não mais do que três ou quarto sentenças, isso tudo sem muito alarde sobre si mesmo (ler pergunta 32). Seguem alguns exemplos:

- "Diploma de especialização em economia e política. Com sólida experiência, atuando em diversas empresas, passei três semanas estagiando na agência de publicidade Smith, Hicks & Choy."

- "Gerente administrativo responsável por uma equipe composta por 14 advogados e três auxiliares de escritório. Cuido de um orçamento anual de 157 mil reais e supervisiono todas as funções do escritório, desde o atendimento ao cliente à administração do setor de TI, além de assegurar que o trabalho esteja de acordo com a legislação trabalhista."

- "Sou diretor de vendas e tenho mais de 14 anos de experiência em aumentar a receita de vendas. No último ano ultrapassei minhas metas e aumentei o volume de vendas da equipe em 15% e a rentabilidade em 18%, em um mercado competitivo."

- "Experiência como supervisor de suporte técnico com ótima desenvoltura ao telefone e grande conhecimento do *hardware* Itac."

Creio que um resumo de qualificações exerce um papel vital, ajudando o empregador a identificar de imediato se você se enquadra no perfil que estão procurando. Por tal motivo, o resumo de qualificações deve ser o primeiro parágrafo que o selecionador verá abaixo de seu nome. Eu poderia aconselhá-lo a colocá-lo acima dos dados para contato argumentando que o resumo sobre quem você é seja mais importante do que onde pode ser encontrado. No entanto, algumas pessoas o colocam logo abaixo do endereço e números de telefone. Onde quer que decida inseri-lo, o mais importante é se certificar de que tenha colocado um.

> Um resumo de qualificações vai permitir que o selecionador decida após dar uma olhada rápida se vai ou não contratá-lo.

19

Devo informar no currículo quais são os meus objetivos?

Alguns especialistas aconselham a incluir um "objetivo de carreira" em vez de um resumo de qualificações (ler pergunta 18) no início do currículo. Seguem alguns exemplos:

- "Objetivo: Assistente executivo, busco oportunidade para gerenciar a agenda de um ocupado diretor ou gerente-geral."

- "Objetivo de carreira: Recém-formado à procura de posição desafiadora em uma agência de publicidade ou no departamento de *marketing*."

- "Objetivo: Experiente gerente de recursos humanos busca agregar valor por meio de desenvolvimento da organização, recrutamento e seleção."

É difícil mensurar a dose certa dos objetivos de carreira. Um objetivo de função restrito (por exemplo: "Busco oportunidade como administrador de contas a pagar") pode fazer com que o empregador não o considere para outra função parecida. Um objetivo muito abrangente (por exemplo: "Recém-formado, busco posição desafiadora que teste minhas habilidades e desenvolva meus talentos") não oferece nenhum indício útil ao selecionador do que você realmente quer.

Creio, no entanto, que exista um problema bem maior ao decidir por colocar um objetivo de carreira no currículo. Os empregadores não estão interessados no que *você quer*, só se preocupam com o que *eles precisam*. Em todo caso, procure deixar bem claro aos amigos o que você espera do próximo emprego, mas não desperdice palavras ao contar isso a um empregador. Os empregadores não estão lá para o auxiliarem a encontrar sua verdadeira vocação; querem, isso sim, é encontrar a pessoa certa para preencher a vaga.

Um objetivo de carreira indica ao empregador o que você quer; um resumo de qualificações indica o que você pode oferecer ao empregador. Dessa forma, um resumo de qualificações supera na maioria das vezes um objetivo de carreira.

> Os empregadores não estão interessados no que você quer; só se preocupam com o que eles precisam.

20
Quais seções devo incluir no corpo do currículo?

Um currículo deveria, em sua concepção, conter uma seleção das seguintes seções:

- Detalhes para contato (ler pergunta 16)

- Resumo de qualificações (ler pergunta 18)

- Objetivo de carreira (ler pergunta 19)

- Principais realizações

- Habilidades ou competências (ler pergunta 31)

- Formação ou qualificações

- Experiência profissional, histórico profissional ou ocupação

- Se é sindicalizado ou sócio de alguma instituição

- Honrarias ou prêmios

- Atividades ou *hobbies* e interesses pessoais (ler pergunta 15)

Mas, exceto os detalhes para contato, *nenhum dos itens anteriores é obrigatório*. Ao decidir quais seções incluir no currículo, a regra de ouro é *pensar no que vai impressionar mais o empregador*. Caso possua muitas realizações que valham a pena ser explicitadas, que de outra maneira ficariam deslocadas se fossem incluídas como parte do histórico profissional, então vá em frente e crie uma seção específica intitulada "Principais realizações". Você pode, por exemplo, ter alcançado um sucesso significativamente superior no emprego anterior do que no atual. Tome cuidado, porém: mencionar uma realização que tenha acontecido há mais de cinco anos indica que sua carreira estagnou desde então; por que você não conseguiu realizar nada de significativo durante os últimos cinco anos?

Caso tenha recebido alguma honraria ou prêmio que possam fazer diferença *genuína* ao se candidatar a uma vaga em particular, inclua essa informação. Ter ganhado um prêmio na feira de ciências nos tempos do colégio pode atrair a atenção de selecionadores de um instituto de pesquisas, mas talvez cause menos impacto para um emprego em um banco ou na área de vendas. Ter sido o primeiro da turma em um exame pode ser uma grande realização se for algo recente; mas mera participação em cursos de treinamento não é.

Do mesmo modo, só inclua uma seção sobre filiação profissional se for importante para um empregador em particular. Eu poderia colocar, por exemplo, que sou membro da Sociedade Britânica de Psicologia se estivesse me candidatando a uma vaga de psicólogo. Mas, se buscasse um emprego de gerente de vendas, mencionar isso poderia levantar dúvidas a respeito de por que estou abandonando a psicologia.

Mencionar uma realização que tenha acontecido há mais de cinco anos indica que sua carreira estagnou desde então.

21

Formação ou experiência: o que deve vir primeiro?

Formação ou experiência profissiona? A resposta é: *depende*. Um dos deleites de elaborar um currículo em contrapartida a preencher uma ficha de inscrição padronizada é que você pode ordená-lo como desejar. No entanto, a regra de ouro ao decidir o que deve vir primeiro (ler a pergunta 20) é pensar: o que impressionaria mais o *empregador*?

As seções do currículo devem ser ordenadas sempre de acordo com o que você acredita ser mais importante para conseguir o emprego. Por exemplo, se é recém-formado com pouca experiência profissional, mas se graduou como primeiro aluno da classe de uma universidade bem-conceituada, pode ser que queira mencionar a formação primeiro. Se a área de destaque a ser exibida é a de experiência profissional, inicie com uma seção intitulada "Empregos", "Histórico de carreira" ou "Experiência profissional" – o nome utilizado importa menos do que o conteúdo.

O mesmo também é válido para outras seções do currículo. Se tem algumas realizações principais que atrairão a atenção do empregador e garantirão uma entrevista, não esconda essa seção no final do currículo; coloque-a em uma posição de destaque. E, se possuir alguma distinção em particular que poderia abrir oportunidade a uma entrevista, coloque-a também em posição de eminência.

Currículos não possuem um formato universalmente aceito, portanto escolha destacar as principais qualidades, sejam quais forem. Opte pela sequência de seções que vão causar, segundo sua opinião, maior impacto e facilidade na conquista do emprego.

> Você pode ordenar as seções do currículo como desejar.

22

Quais são as chances de ser apanhado caso minta sobre qualificações?

De vez em quando um jornal de âmbito nacional expõe uma personalidade pública ou um alto executivo que mentiu no currículo. Alguns alegam ter saído do colégio ou se formado na universidade com notas mais altas do que realmente alcançaram. Outros declaram que se graduaram sem nunca ter concluído os estudos. Lembro-me de um ministro que caiu em desgraça por ter anunciado que havia estudado em uma universidade de prestígio quando, na verdade, frequentara uma instituição menos prestigiada que por acaso ficava na mesma cidade da outra.

Mentirosos são apanhados. Mas é fato que esse tipo de exposição ocorre tipicamente com pessoas que *sempre* estão em um alto cargo público ou em cargos de confiança na área de negócios, e que conseguiram se safar com a mentira durante anos antes de ser expostos. Portanto, mentirosos nem *sempre* são apanhados.

A maioria das empresas contratantes forma a equipe profissional com base em referências satisfatórias de produção (ler pergunta 62). Na prática, no entanto, poucas empresas pedem para ver diplomas ou certificados de registro profissional, talvez porque o departamento de recursos humanos não seja tão eficiente ou o empregador tenha apenas se dado por satisfeito em haver encontrado um candidato que preencha a vaga.

Portanto, há uma grande possibilidade de você não ser apanhado. Mesmo que seja descoberto, o máximo que pode acontecer é o empregador voltar atrás quanto à oferta da vaga. A menos que esteja se candidatando para um dos cargos mencionados antes – ou então seja muito azarado –, em cujo caso o empregador poderia processá-lo por ofensa em vista de ter tentado tirar vantagem através de fraude.

É claro que contar mentiras descaradas é moralmente controverso. Uma solução mais eficaz talvez fosse omitir suas qualificações ou formação, ou dar apenas uma breve pincelada sobre esses temas. Não mencione notas se elas não forem boas; não mencione datas caso tenha abandonado os estudos. Quando se tem mais de dez anos de experiência profissional, os empregadores estarão mais interessados na experiência do que na formação.

As dificuldades talvez recaiam sobre os que abandonaram os estudos há pouco tempo ou sejam recém-formados. Caso não possua experiência profissional, há grande possibilidade de ser avaliado exclusivamente de acordo com suas notas. Se não tiver boas notas, as portas não se abrirão. Algumas pessoas à procura de emprego costumam dizer que candidatos com notas medíocres não têm nada a perder se mentirem. Só espero que você tome uma decisão que esteja de acordo com sua noção de moral.

> Não mencione notas se elas não forem boas; não mencione datas caso tenha abandonado os estudos.

23

Será que é possível se sair bem caso exagere sobre a experiência no currículo?

Sim, existe uma grande possibilidade de você conseguir. Se por um lado os empregadores se preocupam em verificar com afinco aspectos como títulos das funções, salários, tempo de trabalho e qualificações (ler pergunta 22), costumam ser bem mais flexíveis com aspectos como experiência profissional, resultados de realizações recentes ou *hobbies* e interesses pessoais.

É difícil conseguir dados estatísticos, mas um exame superficial de um fórum on-line sobre trabalho revela que muitos candidatos admitem quase abertamente terem "maquiado" as responsabilidades, "ampliado" a experiência e até mesmo contado algumas mentiras.

O procedimento de "ajuste" inclui: declarar ter conduzido grandes projetos (quando o candidato teve uma mera participação neles); dizer que atingiu metas ou superou as expectativas (quando não foi o que aconteceu); afirmar que conduziu projetos dentro do orçamento e no prazo esperado (novamente, quando não foi o caso) e comentar sobre as atribuições afirmando que lidou com os principais clientes ou compradores (mesmo tendo desempenhado um pequeno papel administrativo no trato com esses clientes ou compradores). E a lista continua.

Recém-formados desesperados para provar seu valor, em geral, são os mais propensos a maquiar atividades extracurriculares. Alguns assumem, on-line e na condição de anônimos, a responsabilidade de terem alegado a "cofundação de um clube de debate na universidade" (mesmo que tecnicamente o clube nunca tenha se reunido para um único debate sequer) ou "ter sido o capitão do time de hóquei" (quando na verdade o candidato só esteve no mesmo ônibus que o time).

Existem dois problemas então. Inventar qualificações (ler pergunta 22), mentir ou até mesmo exagerar sobre a experiência fica a cargo da sua consciência. Você pode até não ser pego ao exagerar no currículo, mas será que conseguirá mentir de forma consistente durante uma entrevista (ler pergunta 82)?

> Você pode até se safar ao exagerar no currículo, mas será que conseguirá mentir de forma consistente durante uma entrevista?

24

Vale a pena preencher fichas de inscrição?

A maioria das pessoas em busca de emprego odeia ficha de inscrição. Normalmente as fichas requerem datas e notas precisas, e muito mais do que o candidato está disposto a revelar; nesse caso, não há como omitir pontos fracos. Além do mais, gasta-se muito mais tempo no preenchimento de uma ficha de inscrição do que na simples impressão de um currículo anexado a uma carta de apresentação simples. Talvez seja por isso que muitos candidatos ou saiam correndo assustados ou sequer se deem ao trabalho de preencher as fichas de inscrição.

Sim, candidatos preguiçosos odeiam fichas de inscrição; candidatos astutos aprendem a tirar proveito delas. Anúncios de emprego que requerem o preenchimento de ficha de inscrição de modo geral costumam ter bem menos retorno do que os que pedem currículo. O que significa que você, e estou presumindo que seja um dos candidatos astutos, vai enfrentar uma competição bem menor pela vaga.

Quase odeio mencionar estas dicas, mas, caso já faça um tempo desde que preencheu uma, seguem algumas dicas essenciais para quando estiver preenchendo a ficha de inscrição:

- *Tire uma cópia da ficha original.* Assim você poderá esboçar uma versão para se certificar de que tudo que deseja citar vai caber de maneira correta nos espaços disponíveis. Além disso, ainda terá uma ficha extra caso cometa alguma rasura ou derrame café.

- *Leia as instruções cuidadosamente.* Algumas fichas de inscrição permitem que você anexe folhas adicionais ou uma cópia do currículo; outras não.

- *Verifique os detalhes.* Como não raro as fichas possuem um campo para assinatura (o que não precisa necessariamente ser feito nos currículos), uma ficha de inscrição pode, portanto, ser considerada um documento legal de acordo. Qualquer erro nos dados do empregado poderá ser usado potencialmente pelo empregador para rescindir o contrato caso seja solicitado que você execute exigências às quais não está apto.

- *Escreva com caneta de cor preta.* Escâneres muitas vezes não captam a cor azul tão bem quanto a preta.

- *Faça uma cópia da ficha preenchida.* Muitas fichas de inscrição pedem que você dê exemplos de uma situação em particular em que esteve envolvido. Podem lhe fazer perguntas sobre isso caso seja chamado para uma entrevista, por isso guarde uma cópia para reavivar a memória.

> Candidatos preguiçosos odeiam fichas de inscrição; candidatos astutos aprendem a tirar proveito delas.

25

Qual a melhor forma de apresentar o currículo caso queira mudar de carreira?

A maioria dos currículos conta com uma seção sobre experiência profissional ou histórico profissional. No entanto, a desvantagem de listar a experiência profissional em ordem cronológica é que você pode ser considerado somente para as funções que sejam parecidas às que já havia desempenhado no passado.

Digamos que seja um administrador, mas deseje se tornar um assistente de veterinário; ou um professor, mas queira atuar como gerente de banco. Listar a experiência profissional em ordem cronológica (ou, o mais comum, elencá-la em ordem inversa, para que possa apresentar primeiro a experiência mais recente ao selecionador) pode enfraquecer as chances de ser considerado para uma entrevista.

A solução pode ser criar um currículo "funcional" que destaque sua flexibilidade de talentos e realizações. Ao optar por apresentar suas habilidades e mencionar somente de passagem os empregos anteriores e por quanto tempo trabalhou neles, você pode causar um impacto muito mais efetivo no selecionador (ler pergunta 26).

O que mais importa é o conteúdo, e não como vai intitular essa seção, apesar de muitos candidatos escolherem usar títulos como "Habilidades e realizações" ou "Competências e resultados obtidos".

Com relação ao conteúdo, o segredo na elaboração de um bom currículo funcional é pesquisar e identificar três ou quatro habilidades principais que o empregador esteja procurando. Uma vez identificadas, busque por realizações do passado que demonstrem que você possui o que estão buscando, de preferência qualificando seus resultados quando possível (ler pergunta 30). A seção funcional dever ser listada da seguinte maneira:

HABILIDADES E EXPERIÊNCIA

"Habilidade principal 1" seguida de um parágrafo breve composto por três a cinco orações, explicando como você demonstrou tais habilidades em empregos anteriores.

"Habilidade principal 2" seguida de um segundo parágrafo breve composto por três a cinco orações, detalhando como você demonstrou essas habilidades ao longo da carreira.

"Habilidade principal 3" seguida de outro parágrafo breve detalhando como você a demonstrou.

"Habilidade principal 4" (se necessário) seguida de um parágrafo final breve detalhando como você a demonstrou.

Lembre-se sempre de pesquisar sobre os requisitos requeridos para a função à qual está se candidatando e repita-os para o empregador. Se fizer isso, vai fortalecer as chances de ser chamado para uma entrevista.

26

Existe um lado negativo em omitir datas no currículo?

Você pode se sentir tentado a omitir datas no currículo ao optar pela utilização do formato "funcional" (ler pergunta 25). No entanto, empregadores estão mais acostumados a receber currículos no formato cronológico, o padrão mais tradicional. Selecionadores experientes podem de alguma maneira suspeitar de seus motivos por ter optado pelo formato funcional. Podem (e possivelmente com razão) presumir que você esteja tentando encobrir pontos como longos períodos de desemprego ou outras inadequações no histórico profissional (ler pergunta 38).

Se for o caso, meu conselho é incluir sempre uma seção breve ao final do currículo que liste os empregos anteriores, mas de maneira puramente casual. Não entre em detalhes sobre cada um dos empregos. A seguir, exemplo de uma seção resumida de empregos e datas que você pode optar por incluir:

EXPERIÊNCIA PROFISSIONAL

2008-atual – Analista de *marketing*,
  Hope & Fielding Associados

2006-2008 – Assistente de *marketing*,
  plano de saúde Armstrong

2005-2006 – Assistente executivo,
  Companhia Style and Beauty

Como eu disse, de modo bem resumido. Você deseja atrair tanto quanto possível, logo na primeira página, a atenção do selecionador para a experiência e a capacidade de adaptação que fazem de você a pessoa certa para preencher a vaga, mencionando o histórico profissional de passagem, quase como um detalhe irrelevante.

27

Por que deve-se evitar o formato cronológico tradicional do currículo?

Currículos funcionais são ótimos para candidatos que pretendem mudar de carreira (ler pergunta 25). No entanto, como os currículos funcionais priorizam mais habilidades do que funções e setores para os quais já trabalhou, também podem ser úteis para outros tipos de candidatos. Considere o uso de um currículo funcional caso você seja:

- *Um candidato que quer mudar o setor de atuação profissional.* Por exemplo, se você trabalhou como assistente de recursos humanos para três escritórios de advocacia, não significa que queira continuar trabalhando para escritórios de advocacia para sempre. Candidatos em busca de emprego que querem abandonar a carreira militar para ingressar no mercado civil também podem considerar que o currículo funcional lhes fornecerá mais oportunidades de chamar a atenção do que se apenas listassem funções exercidas (postos) e empresas (tais como regimento ou nomes de esquadrão). Escrever sobre as habilidades ajudará o empregador a dar uma olhada na sua experiência anterior e a prestar mais atenção a suas competências.

- *Um recém-formado, alguém que abandonou os estudos, ou um candidato com pouca ou nenhuma experiência profissional.* Mesmo que não possua experiência profissional para expor, pode apontar suas habilidades em uma seção do currículo funcional intitulada "Realizações e competências". Você pode comentar sobre a habilidade de trabalhar em grupo (por exemplo, ao ter trabalhado com outros alunos em algum projeto), a capacidade de pesquisa (ao ter pesquisado informações para ensaios ou dissertação), o talento para liderança (ao ter presidido até mesmo um pequeno comitê), a capacidade para elaborar orçamentos (mesmo que tenha sido de apenas 200 reais), e assim por diante.

- *Um candidato com lacunas significativas no histórico profissional.* Você decidiu, por exemplo, dar um tempo na carreira por motivos de ordem pessoal ou não conseguiu se recolocar por um período superior a alguns meses.

- *Um candidato que mudou de emprego com muita frequência,* alguém que pode ser considerado como "instável" e sem nenhum comprometimento. Ao colocar os vários empregos que você já teve no final do currículo, terá mais chances de impressionar o selecionador com suas habilidades em vez de deixar que fiquem imaginando quais foram os motivos que o fizeram mudar de emprego tantas vezes.

28

Por que deve-se ter cuidado com consultores de recrutamento e *headhunters*?

As empresas de consultoria de recrutamento costumam usar uma imensa variedade de nomes confusos – autointitulam-se empresas de recrutamento de executivos, *headhunters*, agências de emprego, e assim por diante. Podem desempenhar um papel muito importante na busca por um emprego, apontando para você a direção de uma vaga em aberto, ajudando-o na reelaboração do seu currículo ou mesmo sugerindo de modo ocasional o rumo de uma nova carreira em que suas habilidades possam ser aplicadas. Mas tenha cautela ao confiar de peito aberto nos conselhos deles. Por mais que o site pareça impressionante, primeiro pesquise como eles ganham dinheiro.

Uma pequena parcela de empresas bem-conceituadas no mercado atua com o recebimento de uma *taxa fixa* pelos serviços. Elas cobram adiantado do empregador uma porcentagem para elaborar uma pequena lista de candidatos. E são pagas independentemente de um candidato acabar ou não preenchendo a vaga.

A vasta maioria de consultores de recrutamento é paga de acordo com uma *taxa comissionada*. São pagos apenas por candidatos recolocados: ou seja, quando convencem alguém a assinar a linha pontilhada com um empregador. Posto que essas taxas possam ser de um terço de seu salário anual, algumas empresas inescrupulosas, seduzidas pelos cifrões, podem se sentir tentadas a fazer de tudo para que você aceite o emprego. Podem maquiar os pontos negativos, dizer o quanto o cargo é maravilhoso, contar como você vai gostar da cultura e como são boas as perspectivas. Mas, como empresas assim sempre trabalham com comissão, aceite os conselhos deles com uma pitada de ponderação. Você está à procura do emprego certo; eles querem colocar alguém, *qualquer um*, na posição para receber a comissão. Sendo assim, sempre faça a sua pesquisa (ler pergunta 100) para se assegurar de que o trabalho realmente é tão bom quanto dizem.

Ao se encontrar com um consultor de recrutamento, pergunte: "Sua empresa trabalha com o esquema de comissão ou taxa fixa?". Os consultores que trabalham com o sistema de taxa fixa dirão que *só* trabalham dessa maneira. Consultores comissionados costumam responder que trabalham com as *duas* formas de cobrança. Ao fazer essa única perguntinha ao consultor, você estará enviando a mensagem de que está ciente dos truques deles.

Lembre-se também de que um consultor de recrutamento em particular terá sempre as mesmas empresas como cliente. Se quiser encontrar o melhor emprego, você deve trabalhar com vários consultores de recrutamento de uma só vez, ou, ainda melhor, fazer uma boa pesquisa e se candidatar sozinho às vagas que lhe interessarem.

> Empresas assim sempre trabalham com comissão; aceite os conselhos deles com uma pitada de ponderação.

29
Como lidar com objeções como ser "superqualificado" para um trabalho?

Normalmente, quando os empregadores dizem que você é "superqualificado", podem estar preocupados achando que a função não será desafiadora o suficiente para mantê-lo interessado e motivado a realizar um bom trabalho. Ou pode ser que o selecionador ache que a empresa contratante provavelmente não poderá pagar o salário que você já recebe. Ser mais velho do que o selecionador espera que o candidato ideal seja pode ser outro ponto provável também (ler pergunta 79).

Para contornar tais circunstâncias ainda no estágio do envio de currículo, você pode lançar mão de duas estratégias:

1. Omita algumas das qualificações ou experiências. Pode ser que assim você aparente ter um passado que esteja mais de acordo com o que o empregador espera do candidato ideal. Pode parecer engraçado, mas muitos já me disseram que essa estratégia costuma funcionar. Conheço um candidato que cita seu Ph.D. como "trabalho de pesquisa". Outro que comenta sobre os conhecimentos técnicos e alguns pequenos projetos de que participou, e "esquece" de mencionar que já foi diretor de TI. Mas tenha em mente que você está efetivamente iludindo o empregador, o que representa não apenas uma questão moral, mas também a possibilidade de lidar com uma questão legal (ler pergunta 22).

2. Livre-os da preocupação de antemão com frases positivas. Escreva um pequeno parágrafo no currículo, ou algo parecido com uma carta de apresentação (ler pergunta 34), explicando os motivos que o levaram a desejar dar um passo para trás na carreira. Evite comentar a respeito de empecilhos dos quais está tentando se livrar, tais como estresse causado por um trabalho muito ambicioso ou que você se tornou dispensável. Em vez disso, concentre-se nos pontos positivos que o levaram a se sentir bastante motivado e comprometido em desempenhar a nova função. Cite, por exemplo, que pretende se concentrar em certos aspectos técnicos da função ou que será bom fazer parte de uma equipe menor com a qual possa contribuir mais. Você pode até sugerir que a empresa estará fazendo um bom negócio ao contratá-lo!

30
Que tipo de realizações deve-se colocar no currículo?

As empresas querem contratar candidatos que as ajudem a alcançar seus objetivos. Portanto, tente se lembrar de ocasiões em que tenha trazido resultados que auxiliaram os empregadores anteriores a alcançar algum, como quando você:

- Aumentou as vendas

- Reduziu gastos indiretos ou outros custos

- Melhorou as condições de segurança no local de trabalho

- Identificou problemas

- Sugeriu algumas soluções

- Criou novos produtos ou serviços

- Aprimorou a eficiência ou a eficácia de produtos já existentes, serviços, processos ou sistemas

- Lucrou com o mercado de ações

- Cumpriu com prazos finais difíceis

- Ultrapassou metas

- Deixou os clientes mais satisfeitos ou reduziu o número de reclamações do consumidor

- Gerenciou (e não extrapolou) um orçamento

- Contratou, treinou e desenvolveu excelentes funcionários

É claro que, para destacar ainda mais suas realizações, você deve *quantificá-las*. Fale exatamente sobre quanto dinheiro ganhou ou economizou, a exata porcentagem que lucrou no mercado de ações, o número de dias ou horas gastos no aprimoramento ou desempenho de um processo, e assim por diante. Números dão peso às palavras.

Por fim, considere a possibilidade de personalizar as realizações para empregadores distintos. Em vez de colocar as mesmas realizações em todos os currículos, analise quais vão chamar mais a atenção de diferentes empregadores. Cargos idênticos em empresas diferentes podem corresponder a necessidades distintas. Por exemplo, uma empresa pode estar lutando para cortar gastos diante de um novo concorrente enquanto outra pode fazê-lo para entregar os produtos mais rápido aos consumidores. Escolha a realização mais apropriada de acordo.

> **Para destacar ainda mais suas realizações, quantifique-as.**

31

O que fazer para que realizações soem mais atraentes no currículo?

Os empregadores cada vez mais desejam ler não apenas sobre *quais* foram suas realizações, mas também *como* você as alcançou. Eles querem entender as habilidades, às vezes chamadas de competências (ler perguntas 76 e 78), que demonstrou ao atingir os objetivos organizacionais. Para tal, uma boa ideia é descrever com um punhado de sentenças não apenas o que você realizou, mas também como fez para consegui-lo.

Por exemplo, não escreva apenas: "Aumentei os lucros líquidos em 11,2%, ultrapassando as metas de vendas em 12,8%". Tente dizer: "Aumentei os lucros líquidos em 11,2%. Coletei dados e identifiquei os consumidores mais rentáveis. Então comuniquei à equipe qual seria a nova área de foco, e motivei e treinei o grupo para ultrapassar em 12,8% as metas de vendas já existentes".

Em vez de escrever: "Encontramos uma solução para problemas técnicos", tente explicar: "Quando me vi diante de um problema técnico, iniciei e liderei uma sessão de *brainstorming* junto à equipe para gerar possíveis opções. Priorizamos as prováveis soluções e identificamos qual seria a melhor para o problema".

Explique em detalhes os passos que o levaram a completar suas realizações e que lhe deem mais credibilidade. Seguem alguns exemplos de verbos que podem ser espalhados ao longo do currículo para explicar como conseguiu atingir as realizações:

- *Trabalho com dados e ideias*

Sintetizei	Analisei	Compilei
Comparei	Delineei	Expliquei
Programei	Pesquisei	Calculei
Editei	Estimei	Comuniquei
Revisei	Conceituei	Interpretei

- *Trabalho com pessoas*

Motivei	Negociei	Ajudei
Atendi	Ensinei	Instruí
Supervisionei	Aconselhei	Persuadi
Influenciei	Falei (em público)	Discuti
Dei atenção	Monitorei	Liderei

- *Trabalho com projetos e bens*

Montei	Construí	Supervisionei
Desenvolvi	Gerenciei	Inspecionei
Consertei	Comprei	Vendi
Adquiri	Entreguei	Desenvolvi
Lidei com	Resolvi (um problema)	Planejei

32

Quais são os maiores erros que os candidatos cometem nos currículos?

Recrutadores também são seres humanos. E, quando se reúnem, gostam de revirar os olhos e rir de algumas gafes e asneiras que os candidatos cometem ao enviar currículos. A seguir, os quatros erros que sempre aparecem:

1. *Fazer declarações pomposas.* Não tem problema nenhum mencionar que possui habilidades analíticas, de influência ou quaisquer outras que quiser mencionar. Mas afaste-se da linguagem floreada. Evite a todo custo se descrever como "automotivador confiante" ou "um profissional ambicioso com postura otimista e positiva". Não importa o quanto você escreva bem, tais colocações não passam de declarações vazias. Tome cuidado com o número de adjetivos sem sentido inseridos no currículo, principalmente no parágrafo referente ao perfil colocado no início. Candidatos fortes demonstram possuir habilidades como essas não por meio de uso de adjetivos, mas dando exemplos breves de como eles mostraram tais habilidades (ler pergunta 31).

2. *Apresentar um currículo com erros de digitação ou gafes semelhantes.* Peço desculpas se lhe parecer óbvio, mas já vi muitos currículos, até mesmo de nível gerencial ou de profissionais bem-conceituados, que pecam pela fal-

ta de atenção aos detalhes. Use um corretor de texto, mas tome cuidado, pois os programas de texto nem sempre apanham todos os erros gramaticais – por exemplo, usar "cinto" quando na verdade queria dizer "sinto". Uma boa dica é imprimir uma versão, uma vez que a maioria das pessoas consegue visualizar mais erros no papel do que na tela do computador.

3. Deixar de incluir datas de início e desligamento do emprego. Você pode até se sentir tentado a deixar de fora as datas em que trabalhou com a intenção de tentar disfarçar um longo período de desemprego, mas infelizmente a maioria dos empregadores percebe truques como esse. Uma tática melhor para o caso seria escrever um currículo funcional (ler pergunta 25) e colocar as datas no final.

4. Não incluir detalhes sobre o emprego atual. Talvez você não queira revelar o nome da empresa onde trabalha no momento por temer que a informação chegue aos ouvidos de seu chefe. Infelizmente, os selecionadores vão se debater para tentar definir sua experiência se não souberem o nome do empregador atual. Talvez tenha razão em não colocar detalhes na internet (ler pergunta 17); por experiência própria, no entanto, sei que os selecionadores tomam todo o cuidado para proteger a confidencialidade dos candidatos, portanto, neste caso, deixar de incluir o nome da empresa onde trabalha no currículo costuma ser exagero.

33

Funciona fazer gracinhas e truques no currículo?

Ouvi uma história uma vez sobre um gerente que recebeu um par de dados acompanhado de um bilhete onde estava escrito: "Jogue os dados e me dê uma chance". Eu mesmo cheguei a receber um pote de iogurte com o currículo do candidato impresso sobre o rótulo para me persuadir a comprar o produto (quero dizer: ele).

Truques podem chamar a atenção dos selecionadores, mas em 99% dos casos pelo motivo errado. Um brinquedo de plástico, um saquinho de amendoim com um bilhete inteligente, um videoclipe ou uma colagem de fotos impressionante podem proporcionar boas risadas à equipe de recrutamento antes de se retomar o desafio de selecionar os candidatos certos a ser chamados para uma entrevista. Mas é bem pouco provável que o chamem.

Porém, não se pode afirmar que tais técnicas nunca funcionem. Uma abordagem assim pode *potencialmente* ter bons resultados se estiver se candidatando a uma vaga no setor de criação, como propaganda e entretenimento. Tudo que sei é que a maioria das vagas é preenchida por candidatos que usam métodos mais convencionais, contando com a força de palavras inteligentes e escolhidas para conquistar os recrutadores.

É até possível que um truque inteligente possa levar um gerente a querer entrevistá-lo. Assim como é possível que um avião no céu atire a seus pés uma mala cheia de dinheiro.

O problema é que nunca conheci um recrutador que tenha ficado suficientemente impressionado com um truque a ponto de chamar um candidato para uma entrevista, muito menos para um trabalho. Mas, se deseja tentar, boa sorte. Depois me conte se obteve sucesso, e escreverei sobre você na próxima edição deste livro!

> Truques podem chamar a atenção dos selecionadores, mas em 99% dos casos pelo motivo errado.

34

Como escrever uma carta de apresentação decente?

É claro que todos os currículos deveriam ser enviados com uma carta de apresentação que auxiliasse o selecionador a entender com exatidão por que você é a pessoa certa para o trabalho. Os detalhes da carta, como assinar "Atenciosamente" ou "Cordialmente", são menos importantes do que escrever o conteúdo certo. Ignore estas dicas por sua conta e risco:

- *Escreva sobre as duas (ou até três) maiores realizações.* Dê exemplos breves para explicar por que você acredita ser a pessoa que se enquadra perfeitamente nos requisitos exigidos para a função. Lembre-se de que exemplos fazem a diferença entre um currículo forte e outro repleto de colocações pomposas e vazias (ler pergunta 32).

- *Demonstre que conhece a empresa.* Mostre ao selecionador que está envolvido o suficiente a ponto de pesquisar sobre a empresa (ler pergunta 63) abrindo um parágrafo a respeito de notícias importantes, fatos ou outras observações a respeito deles.

- *Use palavras e orações que reflitam o anúncio do emprego.* As empresas investem tempo e dinheiro escolhendo as palavras e a frase certas para os anúncios de emprego numa tentativa de atrair os valores e o espírito de seu negócio. Assim como você deve incluir no currículo o maior número possível de palavras do anúncio da vaga (ler pergunta 3), deve usá-las na carta de apresentação também. Parafraseie habilidades que o empregador busca e terá grandes chances de conseguir o emprego.

- *Limite a carta de apresentação a uma página apenas.* Isso demonstra que você sabe priorizar. E não reduza o tamanho da fonte nem diminua o espaçamento das margens para poder colocar mais palavras. Uma boa carta de apresentação conta com espaço em branco suficiente para que ainda caibam duas ou (no máximo) três realizações em destaque.

- *Lembre-se de se concentrar no que tem a oferecer.* Os selecionadores não se preocupam com o que você quer; estão preocupados apenas em identificar os candidatos que preencham as necessidades deles. Elabore a carta de acordo com as expectativas dos selecionadores.

- *Mencione pretensão salarial **somente** se for solicitado.* Inclua apenas as informações solicitadas e nada além que possa comprometer sua capacidade de negociação caso consiga o emprego (ler pergunta 99). A única exceção é se você for superqualificado (pergunta 29).

> **Exponha habilidades que o empregador busca e terá grandes chances de conseguir o emprego.**

35

Alguma dica de como escrever a carta de apresentação perfeita?

Uma boa carta de apresentação pode levar mais tempo para ser redigida do que um bom currículo. Mas, se estiver disposto a colocar um esforço extra na tarefa, poderá aumentar de modo significativo as chances de ser chamado para uma entrevista.

Se puder, use um nome específico para abrir a carta. Referir-se ao fato de ter tomado conhecimento da oportunidade ou até mesmo sido encorajado a se candidatar para disputá-la por intermédio de alguém que conhece o selecionador (como alguém de dentro da empresa ou talvez um contato importante de fora) é possivelmente o modo mais poderoso de conseguir chamar a atenção para o seu currículo. É claro que isso significa ter estabelecido contato com alguém que o selecionador conhece, o que envolve networking anterior. Eu disse apenas que esse é um meio poderoso de ser notado, não que seja fácil utilizá-lo. Contudo, se se tratar do emprego que realmente deseja, então o esforço valerá a pena.

Outro meio de se destacar é demonstrar possuir uma noção verdadeira do funcionamento da empresa. Muitos candidatos vão mostrar que fizeram a lição de casa ao repetir alguns fatos sobre ela. Outros simplesmente repetem dados que leram de relance no site ou em alguma notícia divulgada nos jornais. O melhor candidato, no entanto, realiza uma pesquisa detalhada sobre a empresa visitando as instalações e conversando com pessoas que conhecem a organização, como fornecedores, clientes, concorrentes, funcionários e ex-funcionários. Eles pesquisam muito e com tanto afinco, que chegam a levantar informações suficientes que lhes permitam identificar oportunidades ou questões de que a empresa em si tenha apenas uma vaga noção. E, se conseguir não apenas visualizar uma oportunidade ou questão, mas também dar uma sugestão sensível sobre como poderia lidar com ela de modo realista, você se destacará pelos melhores motivos (ler pergunta 63).

36
Como lidar com questões delicadas como pretensões salariais?

Alguns empregadores podem fazer perguntas incômodas sobre salário ainda na fase do currículo ou no preenchimento de uma ficha de inscrição. Não faz sentido chamar para uma entrevista um candidato cheio de esperanças se ele deseja um salário que é duas vezes maior do que o que o empregador pode pagar.

O melhor conselho é não mencionar salário, nem no currículo nem na carta de apresentação, a menos que for solicitado. Mencionar um salário muito alto faz com que você pareça ser caro demais; muito baixo, compromete as chances de negociação (ler pergunta 99).

No entanto, você não terá outra alternativa senão estimar um valor caso o empregador solicite. Recusar-se a responder as perguntas sobre salário pode fazer com que seu nome seja descartado logo no início por prestar informações incompletas. Ao considerar quanto revelar, vale a pena distinguir entre dois tipos de pretensão salarial:

1. *Histórico* salarial ou salário *atual*. O empregador está perguntando quanto exatamente você ganha no momento. Dependendo da abrangência da pergunta, ele pode lhe

perguntar também quanto você ganhava no emprego anterior.

2. *Exigência* salarial ou *expectativa*. O empregador quer saber a *faixa* salarial aproximada (de X a Y) com a qual estaria de acordo.

Perguntas sobre histórico salarial ou salário atual devem apenas ser respondidas. Você ganha o que ganha, não há como desviar da pergunta. No entanto, perguntar sobre exigências ou expectativas pede um pouco mais de reflexão, por isso assegure-se primeiramente de que você:

- Pesquisou sobre a faixa salarial do mercado para candidatos com as suas habilidades e experiência. Verificou em sites disponíveis que fazem comparações salariais. Perguntou a consultores de recrutamento também e até mesmo a pessoas que fazem parte da sua rede de relacionamentos e que trabalham em funções parecidas. Levou em consideração não apenas o mercado do setor, mas ainda fatores como localização geográfica. Mencionou uma faixa qualquer em aberto na carta de apresentação ou no currículo, em particular se *não estiver recebendo salário* atualmente.

- Considerou se o seu salário está acima da média de mercado para a função a que está se candidatando. Se for o caso, mencione o salário atual, mas também que está disposto a negociar por algo justo. Declarou brevemente nas entrelinhas que é flexível quanto à questão salarial caso encontre uma função desafiadora ao lado de pessoas que compartilhem dos mesmos valores que os seus, ou uma função que seja enriquecedora e que proporcionará oportunidades futuras de progresso na carreira, e assim por diante.

> Um salário muito alto faz com que você pareça ser caro demais; muito baixo, compromete as chances de negociação.

37

Qual o melhor caminho para arrumar um emprego?

Já mencionei que a networking produz os melhores resultados (ler pergunta 9), o que surpreende muitas pessoas. Elas argumentam que quase todos os jornais possuem seções robustas ou mesmo suplementos inteiros dedicados ao anúncio de vagas.

Sim, um exame superficial do caderno de empregos vai apontar uma dezena de vagas. No entanto, as empresas às vezes anunciam externamente ainda quando já possuam um candidato favorito em mente. O gerente que está contratando (por exemplo, um gerente que tenha uma vaga a ser preenchida na sua equipe) pode já ter uma boa ideia de quem ele deseja contratar, alguém que tenha sido previamente recomendado para o cargo. Mas as políticas da empresa podem exigir que a companhia coloque um anúncio externo pelo interesse da "igualdade". Isso significa que os candidatos que respondem ao anúncio na realidade terão de lutar para vencer o candidato favorito.

A verdade é que muitos candidatos bem-sucedidos recebem dicas de pessoas da sua rede de relacionamentos. É por isso que a networking é tão importante. Esteja se candidatando a uma vaga em uma empresa de grande ou pequeno porte, a rede de relacionamentos é o melhor caminho para conseguir o emprego.

Mas – sempre existe um mas – a pessoa à procura de uma vaga que confia apenas em um único método, nem que seja a networking, está sendo otimista em demasia. A verdade é que não há garantias quando se está à procura do emprego certo. Sim, entre 50% e 85% de todos que estão à procura de emprego por meio de uma rede de relacionamentos acabam recebendo ao menos uma recomendação, uma dica, ou uma simples sugestão na direção de um anúncio de emprego que alguém viu. Porém, ainda existem candidatos que arrumam empregos por outros meios.

Apesar de a rede de relacionamentos ser a que proporciona mais vantagens, não fique muito restrito na hora da seleção. Responda a anúncios de vagas que correspondam às suas habilidades e competências. Pesquise antes algumas empresas onde gostaria de trabalhar e envie um currículo também. Entre em contato com consultores de recrutamento. Invista em uma facção totalmente diferente da sua rede de relacionamentos: a turma de futebol com quem joga, os pais dos amiguinhos dos seus filhos, a igreja que frequenta, o guarda do bairro. Encontre um amigo que esteja procurando emprego, junte-se a um grupo de pessoas que estão em busca de uma colocação, ou então monte um você mesmo. Mire empresas menores caso tenha tentado as maiores, e vice-versa.

Dar cabeçadas contra o muro só vai lhe causar dor de cabeça; significa, portanto, que está na hora de pensar em outro caminho para derrubar o muro entre você e o emprego dos seus sonhos.

38

Como ocultar um período de desemprego no currículo?

Em primeiro lugar, ficar desempregado ou ter passado por um período de desemprego não prejudica tanto as chances de arrumar um novo emprego como costumava prejudicar (ler pergunta 5). Um crescente número de empresas faz cortes de pessoal e lança ao mercado de trabalho centenas, ou até mesmo milhares, de candidatos extremamente talentosos e motivados. Cresce na mesma proporção o número de candidatos que resolve dar um tempo entre um emprego e outro.

Você tem duas estratégias amplas para lidar com um período de desemprego. Se tiver encontrado um emprego que lhe interessa, pode tentar deixar o currículo aberto a interpretações ao remover datas específicas. Por exemplo, se saiu do emprego em fevereiro de 2006 e só conseguiu se recolocar em setembro do mesmo ano, você poderia escrever o seguinte:

2006-atual	– Gerente técnico, Shanks Serviços de Engenharia
2004-2006	– Técnico sênior, Fox Bens de Consumo
2001-2004	– Técnico, Garrett & Jones Suplementos para o Lar

Você pode correr o risco e esperar que na entrevista não façam nenhuma pergunta sobre datas precisas. É bem provável que consiga se safar.

No entanto, uma abordagem mais honesta seria dar uma faceta mais positiva a um período de desemprego. Que tal dizer que deu um tempo para fazer um curso de aperfeiçoamento, cuidar de assuntos familiares, escrever um romance, viajar para lugares distantes, fazer algum trabalho voluntário, ou que se engajou em um estudo independente?

Para colocar tal período do ângulo mais positivo possível, explique em uma única linha no currículo como o tempo sem um trabalho remunerado fez de você um profissional ainda melhor. Reflita sobre quais habilidades escolher ou talvez fale sobre como a iniciativa permitiu que voltasse ao mercado de trabalho com um senso de motivação renovado, e assim por diante.

Candidatos inescrupulosos podem declarar que estiveram comprometidos com um período de estudo independente quando na verdade não fizeram nada além de assistir à televisão. Mas correm o risco de ser desmascarados em uma entrevista em que lhe façam perguntas detalhadas sobre o que estudaram, por que escolheram determinado tema e a que conclusão chegaram. Existe uma linha tênue entre colocar o período sob uma ótica positiva e contar mentiras, mas a escolha final e os riscos são seus.

> Dê um aspecto positivo a qualquer período de desemprego.

39

O que não colocar no currículo?

Um currículo difere de uma ficha de inscrição fornecida pelo próprio empregador porque nele você pode incluir somente os aspectos que lhe sejam mais favoráveis. Trata-se de um documento de *venda* para impulsionar você, o produto. Nesse sentido, não é obrigatório que se incluam as seguintes informações (e, na verdade, eu recomendaria que de fato você não as incluísse):

- demissões, rebaixamento ou outras formas de rompimento de contrato;

- diferenças pessoais, seja com o superior ou com colegas;

- condenações criminais, prisões ou questões de legais;

- falência ou problemas financeiros;

- abandono de escola ou curso universitário;

- necessidade de arrumar um emprego porque não conseguiu ganhar dinheiro suficiente com o próprio negócio;

- doença da qual tenha acabado de se recuperar;

- incapacidades que não o impeçam de executar o trabalho;

- problemas anteriores com abuso de substâncias.

    Assim como também não deve contar os motivos pelos quais está trocando de emprego, a menos que lhe perguntem. Se revelar o motivo pelo qual deixou um emprego, então, por questão de coerência, terá de justificar por que deixou cada um dos empregos anteriores, e isso pode desviar a atenção do selecionador das suas realizações, talentos e experiências, que são os pontos fortes a serem enfatizados.

40

Qual a melhor maneira de impulsionar uma campanha de ampliação da rede de relacionamentos?

O primeiro passo é muito simples. Faça uma lista de todas as pessoas que você conhece. Sim, *todas*.

Apanhe uma folha de papel e escreva no canto esquerdo os nomes de todas as pessoas de que conseguir se lembrar. Considere nomes de amigos atuais e de antigamente, compradores e clientes, fornecedores, contadores, advogados, consultores e pessoas que conheceu por intermédio do trabalho ou em associações de voluntários. Lembre-se também da vida fora do trabalho, incluindo pessoas do convívio social, comunidade, times de esporte ou da igreja. E quanto às pessoas do colégio ou da faculdade, do serviço militar ou até mesmo os vizinhos com quem tem alguma relação de amizade? Também não deixe de lado familiares nem outros parentes.

Você pode se sentir tentado a encurtar o processo e restringir a lista de nomes. Talvez acredite que os colegas de trabalho sejam uma fonte melhor de contato. Mas considere que a família e os amigos íntimos são os que mais *querem* ajudá-lo. E, a menos que pergunte, jamais saberá quem as pessoas mais próximas conhecem. Por exemplo, recentemente descobri que minha avó de noventa anos é amiga íntima da mãe de um diretor executivo de um dos maiores bancos de Hong Kong. Simplesmente não dá para saber quem elas conhecem se não perguntar.

O próximo passo é elaborar uma lista principal de nomes com base em dois critérios:

1. *Importância.* Por exemplo, se estiver procurando um emprego como redator publicitário, pessoas no mesmo campo de atuação podem ter contatos e informações mais relevantes do que quem trabalha em outros setores ou mercado de trabalho.

2. *Laços de amizade.* É bem mais provável que um amigo íntimo tenha mais tempo e entusiasmo para ouvir seu pedido e talvez até concorde em multiplicar as ligações telefônicas do que alguém que você descreveria mais como um conhecido.

Priorize a lista de nomes, esboce uma tabela e classifique com um critério de uma a três estrelas cada nome, dependendo da importância. Em seguida, utilize um critério de um a três tiques para o grau de intimidade. Segue um exemplo:

Nome	Importância	Intimidade
John Bond	★	✓✓
Narinder Ali	★★	✓
Mary Maxwell	★	✓✓✓
Alex Tsoi	★★★	✓

Feito isso, você está pronto para pegar o telefone.

41

Qual a melhor maneira de apresentação quando estiver fazendo networking?

Uma vez decidido quem vai abordar (ler pergunta 40), você deve se preparar para se apresentar de modo preciso e articulado, e ao mesmo tempo simpático. Vale a pena escrever antes o que planeja dizer, e isso deve incluir:

- uma linha para definir sua profissão ou que tipo de função exerce;

- mencionar como conseguiu o nome da pessoa. Por exemplo: "Consegui seu nome com a Erica Marsh, que trabalhou com você na Paragon Consultoria";

- a situação atual: se está procurando por emprego ou apenas considerando uma mudança de carreira;

- o que gostaria que a pessoa fizesse por você em termos de fornecer informações, talvez, ou outras fontes de referência.

Juntando tudo, o roteiro deve ser lido como no exemplo a seguir:

> Meu nome é _____ e trabalho atualmente como _____. Consegui seu nome com _____, que o conhece de _____. Ele(a) sugeriu que eu falasse com você, pois estou buscando por _____. Você poderia me dar alguns minutos agora ou no momento que lhe for mais conveniente?

Confie que dirão "sim". Tanto nesse momento quanto em outra ocasião, o objetivo é garantir alguns minutos com a pessoa, ao telefone ou pessoalmente. Mas o que perguntar em seguida?

Ao refletir sobre o que espera de outras pessoas, lembre-se de que a networking é bastante usada por dois motivos: tanto para conseguir informações e fontes de referência quanto para realçar seu perfil (ler pergunta 10). Seja qual for o objetivo, você deve tê-lo em mente e ser capaz de transformá-lo em uma pergunta simples e curta para alavancar a conversa. Seguem alguns exemplos:

- "Tenho uma entrevista marcada com a Hanover Tecnologias na semana que vem. Será que você poderia me indicar alguém (por exemplo, fornecedor, concorrente, distribuidor, ex-funcionário, gerente atual) que conheça a empresa ou que saiba algo em geral sobre o setor de energia?"

- "Estou pensando em mudar de carreira e começar a trabalhar como assistente social. Você teria meia hora para conversar comigo sobre sua experiência na área e do que gosta ou não na profissão?"

- "Estou à procura de uma nova posição como gerente de produção. Você saberia quais consultores de recrutamento eu deveria procurar?"

> Prepare-se para se apresentar de modo preciso e articulado, e ao mesmo tempo simpático.

42

Como garantir que a conversa flua naturalmente quando estiver fazendo networking?

Depois de ter escrito o roteiro de apresentação, não há nada que o impeça de pegar o telefone e fazer algumas ligações. Seguem algumas dicas dos diálogos mais comuns:

- *Peça a quem você conhece que fale com os contatos dele primeiro.* Em vez de apenas ligar do nada para um novo contato, peça a seu conhecido que telefone ou envie um e-mail para a outra pessoa com quem você gostaria de falar. Uma alternativa é pedir ao contato alguns endereços de e-mail e enviar uma mensagem avisando que você vai telefonar.

- *Procure marcar um horário que seja mais conveniente para conversar.* Sua ligação pode ter interrompido algo importante ou urgente. Depois de se apresentar, pergunte quando seria um momento adequado para a conversa.

- *Diga algo positivo sobre cada pessoa.* Peça a seu contato que lhe conte algo positivo sobre cada um dos conhecidos dele que deseja abordar. Você poderá então repetir exatamente o que o outro lhe contou e esperar que os novos contatos se sintam estimados e úteis. "Sam me disse que você é uma pessoa muito bem relacionada no mundo da publicidade e que eu seria um tolo se não conversasse com você primeiro."

- *Ajude o contato a considerar seu pedido de modo abrangente.* É fundamental ter em mente uma pergunta clara para iniciar a abordagem com o novo contato, mas esteja preparado para fazer mais perguntas caso a pessoa corte o assunto. Por exemplo, se alguém disser: "Não sei sobre nenhuma vaga", tenha em mente mais duas ou três sugestões para ilustrar como ele poderia ajudá-lo, por exemplo, ao indicar nomes de outras pessoas com quem você pudesse falar.

- *Prepare-se para respostas negativas.* A primeira resposta de muitas pessoas para sua pergunta pode ser: "Não conheço". Sugira entrar em contato outro dia e horário para que a pessoa tenha tempo de pensar melhor sobre o pedido. Não encerre a conversa sugerindo que liguem para você ou lhe enviem um e-mail; você é quem deve sugerir quando vai retornar a ligação, assim ainda mantém o controle e pode entrar em contato de novo quando necessário.

- *Expresse admiração sincera.* Lembre-se sempre de que ninguém é *obrigado* a ajudá-lo. Agradeça aos contatos sinceramente pelo auxílio (ler pergunta 55).

> **Lembre-se sempre de que ninguém é obrigado a ajudá-lo.**

43

Para começar a estruturar uma rede de relacionamentos, para quem telefonar primeiro?

Quando começar a fazer as ligações telefônicas, você só terá uma chance com cada uma das pessoas da rede de relacionamentos. O objetivo maior é que cada um dos integrantes da rede se torne um advogado de defesa seu, para indicar o caminho de possíveis empregos, oferecer dicas ou mesmo recomendá-lo para uma vaga.

Não comece telefonando para a pessoa mais influente da lista. Inicie de modo suave e vá aprimorando suas habilidades de fazer networking com pessoas que possam ser consideradas menos importantes, mas com quem você tenha fortes laços de amizade. Colocando de outro modo: pratique com amigos que não se importarão caso cometa algum deslize. Dessa maneira, mesmo que não atue de modo tão articulado e persuasivo como deveria, não fechará nenhuma porta. Caso tenha priorizado os contatos da sua rede (ler pergunta 40), escolha um grupo de pessoas em cuja escala de intimidade tenha assinalado três tiques, mas em cuja escala de importância tenha marcado apenas uma ou duas estrelas. As pessoas com "três tiques" são seus amigos; eles o perdoarão caso não consiga introduzir o assunto e conduzir bem a conversa logo de início.

Após ter falado com o primeiro grupo de pessoas, reserve um tempo para refletir sobre o que fez de maneira correta e em que aspectos poderia ter se saído melhor. Como foi o discurso introdutório? Você conseguiu alguma referência? Seja severo consigo mesmo para que assim, quando estiver abordando pessoas mais importantes – os "três estrelas" da sua lista –, consiga se apresentar do melhor modo possível.

> **Pratique com os amigos que não se importarão caso cometa algum deslize.**

44

Qual é a melhor maneira de ampliar a rede de relacionamentos: por telefone ou cara a cara?

O telefone foi inventado há aproximadamente 130 anos. Mas, há muito tempo, as pessoas vêm se encontrando pessoalmente para trocar ideias. Não é preciso ser o primeiro aluno da classe para concluir qual tipo de abordagem costuma dar melhor resultado.

Lembre-se de que networking pode ser usada tanto para conseguir informações e fontes de referência quanto para melhorar o perfil (ler pergunta 10). Então, use o telefone quando fizer um pedido simples e direto (por exemplo: "Você sabe o nome do gerente que está selecionando os candidatos para o cargo de finanças?").

Se for pedir informações mais complexas ou detalhadas, não terá bons resultados por telefone apenas. As pessoas com quem entrar em contato estarão muito mais propensas a ajudá-lo quando podem vê-lo cara a cara e, assim, decidir se confiam em você e se sentem confortáveis em compartilhar suas ideias e possíveis fontes de referência.

Quando a questão é realçar o perfil também, você não pode esperar impressionar alguém com entusiasmo, humor e profissionalismo ao telefone do mesmo modo que o faria tendo nem que fossem apenas dez minutinhos de conversa cara a cara com alguém. Se quiser que se lembrem de você e o recomendem, as pessoas vão precisar de um rosto para associar ao nome. A tecnologia nunca vai superar o contato pessoal.

Sendo assim, marque um encontro com os contatos mais importantes, os contatos "três estrelas", ou talvez os "duas estrelas" também (ler pergunta 40). Ligue e pergunte: "Você teria dez minutos para nos encontrarmos?". Você deve, literalmente, pedir dez minutos apenas. Alguém muito ocupado pode declinar da oferta de encontrá-lo caso peça meia hora do tempo dela. Mas dificilmente alguém razoável dirá não a um encontro que durará meros dez minutos.

Sugira ainda um encontro para um café antes do expediente ou uma bebida no final da tarde. Diga que estaria disposto a ir ao escritório dele ou a algum local próximo da residência. Encontre uma maneira de o encontro ser o mais conveniente possível para seu contato. Quanto mais opções oferecer, mais difícil será para ele negar.

> **A tecnologia nunca vai superar o contato pessoal.**

45

Quais são as "regras de conversa" cara a cara em um encontro para fazer networking?

Não se deixe levar pela aparente informalidade de um encontro de networking. Ainda que a pessoa com quem esteja se encontrando seja um amigo próximo de um grande amigo seu, você deve se esforçar para impressionar. Não desconsidere as seguintes sugestões:

- *Use trajes formais.* Mesmo que você conheça a pessoa com quem vai se encontrar, use trajes formais; capriche na escolha da roupa para ficar elegante. Se quiser que alguém se lembre de você e possivelmente o indique aos contatos dele quando ouvir sobre alguma oportunidade, você deve se apresentar como uma pessoa digna de ser contratada.

- *Pesquise e se prepare antes do encontro.* Tenha em mente que a outra pessoa está indo ao encontro porque *você* a convidou; portanto, prepare-se. Elabore perguntas abrangentes e bem-acabadas que encorajem seu contato a falar abertamente, dê sugestões e peça referência de outros nomes que possam recomendá-lo caso apareça uma vaga que se encaixe a seu perfil. Certifique-se de que tenha perguntas suficientes e evite momentos de silêncio desconfortáveis, pois então o contato pode começar a pensar que você está desperdiçando o tempo dele.

- *Respeite o limite de tempo previamente estabelecido para o encontro.* Observar o tempo e tomar a iniciativa de encerrar o encontro quando você designou os minutos demonstra que é o tipo de pessoa que mantém acordos. Se disse dez minutos, então deve se oferecer para encerrar a conversa após dez minutos. Na prática, muitos contatos lhe darão um pouco mais de tempo. No entanto, a opção de estender a conversa além do combinado previamente é do convidado, e não sua.

- *Agradeça às pessoas pelo tempo e esforço dispensados.* Para demonstrar que prestou atenção ao que elas disseram, repita uma das principais opiniões que compartilharam com você. Um exemplo: "Vou dar uma olhada naquelas três empresas que você sugeriu" ou "Ligarei para você na semana que vem para contar como me saí ao entrar em contato com aquela empresa".

Preparar-se é a alma do negócio. Mas não se esqueça de mostrar entusiasmo, profissionalismo e simpatia. O objetivo é tanto causar boa impressão em cada um dos contatos quanto extrair o máximo de informações.

> Tenha em mente que a outra pessoa está indo ao encontro porque você a convidou; portanto, prepare-se.

46

Como disfarçar o nervosismo e a timidez quando estiver fazendo networking?

Para os iniciantes, vamos esclarecer o que *não* é networking. Para muitas pessoas, a noção de networking remete a imagens de coquetéis e conferências, de transitar em meio à multidão e interromper conversas para se apresentar. Mas você pode ficar sossegado porque quem está à procura de emprego (ao contrário dos empresários que estão tentando vender um conceito de negócio ou produto) pode muito bem estabelecer seus contatos por telefone ou por meio de um encontro previamente agendado. Bater papo em coquetéis não é necessário!

Seguem algumas dicas de como superar a ansiedade inicial ou a timidez quando estiver fazendo networking:

- *Comece pelos amigos.* Aprimore suas habilidades de fazer networking com amigos e conhecidos mais chegados (ler pergunta 43).

- *Concentre-se na networking por telefone primeiro.* A vantagem de estabelecer contato por telefone em vez da conversa cara a cara é que não precisa se preocupar com detalhes como olhar nos olhos ou a linguagem corporal. Você pode ler o roteiro de introdução (ler pergunta 43) literalmente para as pessoas e preparar as perguntas que deseja fazer – de novo, podem ser lidas quase literalmente também. No entanto, é preciso moderar o tom de voz para parecer calmo e amigável. Não importa o quanto se sinta nervoso, force um sorriso no rosto, pois esse gesto mudará o tom da voz e fará com que pareça mais entusiasmado do que está. Muitas pessoas em busca de emprego confessam se sentir mais confiantes ao telefone quando falam em pé em vez de sentadas.

- *Leve um apoio nos primeiros encontros.* Antes de se encontrar com os contatos mais importantes (os "três estrelas"), pratique em encontros com pessoas menos importantes (os "uma estrela") (ler pergunta 40). Quando estiver marcando o encontro, diga que vai levar um amigo que também está interessado no mesmo tópico. Deixe que seu amigo domine a conversa nos primeiros encontros e apenas absorva a atmosfera até que se sinta mais confortável com a ideia de se encontrar sozinho com os novos contatos.

- *Sugira locais informais para os primeiros encontros.* Visitas formais a escritórios de pessoas podem ser consideravelmente mais intimidadoras do que conversas durante um café da manhã ou um cafezinho no fim da tarde.

- *Pratique, pratique, pratique.* Confesso que eu tinha tanto medo de falar com as pessoas nos tempos de colégio que às vezes me escondia na sala dos armários para fugir. Mas, quanto mais pessoas conhecer, menos isso continuará a aborrecê-lo.

47

O que é bom perguntar quando estiver fazendo networking?

Se estiver pensando em *mudar de carreira* e deseja saber mais sobre ela, considere algumas perguntas:

- Como é o dia a dia no trabalho? O que você mais gosta nele? O que menos gosta? Quais são suas frustrações? Até que ponto você trabalha sozinho ou em equipe? Que tipo de pressão você sofre?

- Como entrou nesse campo de atuação? É fácil ou difícil entrar no meio? Como é a competição por vagas? Com que frequência as pessoas que trabalham na área costumam mudar de emprego?

- Quais são os típicos parceiros de trabalho nesse campo? Como é o estilo de vida? É preciso viajar muito?

- Quais são as perspectivas financeiras no início? Qual é o salário médio para pessoas que já atuam na área há três, cinco e dez anos?

- Quais são as melhores empresas nesse campo? Quais são as habilidades, qualificações ou experiências essenciais que os empregadores buscam? Existem exceções? Com quem mais você acha que eu deveria conversar para pesquisar sobre essa carreira?

Se estiver em busca de *ajuda para arrumar trabalho* em uma indústria ou em uma empresa em particular, leia também a pergunta 63 para saber a respeito de outras perguntas que podem ser feitas. Caso esteja considerando a possibilidade de mudança de carreira ou a procura de uma colocação em especial, tenha em mente que existem várias perguntas que você *poderia* fazer. No entanto, tenha cuidado para acertar no tom correto. Você deve parecer interessado e profissional ao questionar alguém, e dar um tempo para que ele pense quando necessário, mas ao mesmo tempo preparado para uma mudança de assunto caso o interlocutor desvie o rumo da conversa. Não importa o quanto sua necessidade seja desesperadora; trata-se de uma conversa, e não de um interrogatório. Lembre-se disso.

> Não importa o quanto sua necessidade seja desesperadora; trata-se de uma conversa, e não de um interrogatório.

48

Quais erros não cometer quando estiver fazendo networking?

Fazer networking resulta em emprego. Fale com mais pessoas e ouvirá mais dicas de empregos ou poderá até mesmo ser recomendado aos gerentes de recursos humanos para alguma vaga. O lado positivo de falar com mais pessoas é que você vai aprender ainda mais sobre o campo de atuação escolhido, o que o ajudará a responder com muito mais segurança às perguntas das entrevistas que virão.

No entanto, a seguir há quatro meios bombásticos de se sair mal enquanto estiver fazendo networking:

1. *Ultrapassar barreiras pessoais.* Nunca convide pessoas que você não conhece para ir a sua casa, a menos que tenha sido instruído a fazê-lo. Nunca use o nome de alguém ao fazer um contato exceto se tiver obtido permissão. Cometa os dois erros mencionados antes e lá se vai o relacionamento.

2. *Não conseguir disfarçar sua reação.* Não importa o quanto desanimado ou desesperado se sinta em relação à busca por emprego, procure não demonstrar isso a ninguém que conhecer. Você precisa que os contatos o vejam da melhor maneira possível para que assim se sintam seguros ao indicar outras pessoas que possam lhe dar informações ou mesmo possíveis oportunidades de emprego. Só extravase as frustrações com amigos íntimos e familiares, mas sempre

projete um comportamento entusiasmado, positivo e profissional com quem possa arrumar um emprego para você.

3. *Abrir mão da iniciativa.* Ao final de quaisquer conversas, sempre diga que entrará em contato novamente. Se enviar um e-mail, afirme que entrará em contato por meio de uma ligação telefônica. O mesmo se deixou um recado na caixa postal – diga que voltará a telefonar. O problema em colocar o peso da responsabilidade do retorno de uma ligação ou da resposta de um e-mail sobre os ombros dos contatos é que, se esquecerem (e eles vão esquecer), você corre o risco de irritá-los ao importuná-los. Informar aos contatos qual será seu próximo passo lhe permite importuná-los quando e se necessário.

4. *Esquecer que você não tem o direito garantido de receber ajuda de ninguém.* Nenhuma pessoa é obrigada a ajudá-lo. Elas só o ajudarão se quiserem. Faça com que se sintam culpadas e elas apenas baixarão o gancho do telefone para não terem de ouvi-lo. Lembre-se de sempre mostrar consideração e respeito, e expressar para as pessoas o quanto é grato pela generosidade delas.

> **Sempre projete um comportamento entusiasmado, positivo e profissional.**

49

O que fazer para ampliar o número de pessoas da rede de relacionamentos?

Estabelecer contatos por telefone ou em encontros com pessoas importantes em geral resulta em um número suficiente de referências para todos os que procuram uma colocação, mas você pode querer diversificar seu tempo. Nesse caso, pode tentar também algumas das seguintes sugestões:

- *Comece a atuar ativamente em associações.* As pessoas costumam ser bem mais receptivas a uma abordagem se não estiverem lidando com as exigências urgentes diárias do trabalho. Tenha sempre no bolso um punhado de cartões de visita (ler pergunta 50) e os distribua aleatoriamente para várias pessoas. Nunca se sabe quem pode ser útil (ler pergunta 51).

- *Escreva para o novo contato logo em seguida.* De modo curioso, as pessoas são amáveis ao ser contatadas logo em seguida. Se escrever para alguém e implorar por um emprego, é bem pouco provável que vá encontrá-lo disposto a receber uma ligação sua. Mas, se conseguir encontrar um motivo para entrar em contato (talvez você tenha ouvido o nome dele em uma palestra que fizeram em uma conferência, lido uma citação sua em um artigo que lhe interessou ou apenas tenha ouvido falar sobre a reputação dele), vai constatar que alguns poucos parágrafos bem estruturados elogiando as pessoas podem ser o suficiente para persuadi-las a receber uma ligação rápida.

- *Use a internet de modo **seletivo***. A quantidade de informações disponíveis na internet é imensa e pode chegar a ser excessiva. No entanto, blogueiros que escrevem sobre as empresas onde você almeja trabalhar podem ser de grande ajuda caso resolva entrar em contato com eles. Existe ainda a possibilidade de encontrar em fóruns on-line ramos de atividades específicos em que funcionários na ativa, que já trabalharam ou pretendem trabalhar na área reúnem-se para discutir sobre o trabalho deles. Entrar em tais fóruns para dar uma olhada ou quem sabe deixar mensagens pode lhe permitir captar informações bastante úteis.

- *Faça trabalho voluntário.* O trabalho voluntário pode ser um ótimo modo de conhecer pessoas que compartilhem os mesmos valores. Não se prontifique a realizar trabalho voluntário com o único intuito de ampliar sua rede de relacionamentos, pois os outros voluntários podem se sentir usados. No entanto, se *realmente* compartilhar do mesmo ardor pela causa, poderá perceber que, à medida que conhece outras pessoas e lhes conta sobre sua história, elas podem desejar auxiliá-lo de qualquer maneira.

50
É necessário um cartão de visitas?

Eu diria que toda pessoa que está à procura de emprego deveria ter um cartão de visitas. Se você planeja construir uma rede de relacionamentos e se encontrar pessoalmente com as pessoas, não tem desculpa para não ter um. Hoje em dia, é possível imprimir um lote de cartões de visita de qualidade razoável por um preço bem acessível em algumas gráficas. Também existem programas de computador onde se pode fazer cartões de visita e depois imprimi-los.

O cartão deve incluir no mínimo o seu nome, números de telefone *pessoais* para contato (casa e celular) e um endereço de e-mail *pessoal*; quando digo "pessoal" estou me referindo aos números de telefone e endereço de e-mail que pertençam a você, e não ao antigo emprego. O endereço da sua casa não é necessário; candidatos que desconfiam de estranhos em geral preferem não dar o endereço residencial.

Se estiver empregado e tiver um cartão de visitas comercial, que o empregador lhe forneceu, a probabilidade é de que o cartão contenha também número de telefone e endereço comerciais. Imagine a confusão se um contato ou um possível empregador tentasse telefonar para você. E lembre-se de que muitas empresas monitoram diariamente os e-mails dos funcionários para se certificarem de que não estejam enviando nem recebendo mensagens inapropriadas. Seu patrão poderia facilmente considerar o uso do computador da empresa e os recursos disponíveis para enviar cópias do currículo e conduzir uma busca por um novo emprego como motivo para demissão por justa causa.

Por fim, pense se deve ou não colocar uma frase que defina sua experiência ou área de atuação. Por exemplo, se tem certeza de que só quer ser considerado para cargos que se enquadrem em determinado campo de atuação, então sinta-se livre para fazê-lo. Ou, se só pretende trabalhar como assistente executivo, adicione uma frase que indique o que você tem a oferecer. No entanto, seja bem específico com o que espera do próximo emprego ou, de outro modo, poderá limitar as oportunidades.

51

Qual é a melhor maneira de fazer networking em conferências e coquetéis?

Apesar de não ser *essencial* fazer networking em eventos como feiras de negócios, conferências, seminários ou mesmo eventos sociais, como coquetéis (ler pergunta 46), pode ser, ainda assim, muito útil. Seguem algumas dicas de como tirar o máximo de proveito dessas ocasiões:

- Prepare seu "discurso pessoal". "Olá, meu nome é Cris, eu _____." Pense em como planeja se descrever. Você deseja fazê-lo por meio da função que exerce (por exemplo: "sou contador"), pela área de atuação (por exemplo: "trabalho com finanças"), por aspirações (por exemplo: "estou aqui para aprender um pouco mais sobre o mercado publicitário") ou algo totalmente diferente? Encontre um modo de conseguir definir o que faz em uma *única oração*.

- Prepare algumas perguntas para quebrar o gelo. Antes de ir a qualquer evento, tenha em mente perguntas abrangentes que possam ser usadas para iniciar uma conversa com qualquer pessoa. Talvez comentar algo sobre o evento (por exemplo: "Como você ficou sabendo desse evento?" e "O que o trouxe a esta conferência?") ou a respeito dos anfitriões (por exemplo: "Como você conheceu Richard e Sara?").

- Mostre interesse sincero pelos outros. Passe *pelo menos* cinco minutos com cada uma das pessoas que conheceu. Leva tempo descobrir sobre os interesses, desafios no trabalho e modo de encarar a vida de cada um. Busque interesses em comum, talvez por meio da profissão ou preferências fora do ambiente de trabalho. O objetivo, quando estiver se relacionando em qualquer evento social, é focar na qualidade, e não na quantidade, desenvolvendo discussões sinceras com as pessoas em vez de conversinhas superficiais que farão com que se esqueçam de você quase de imediato.

- Cumprimente as pessoas pelo nome. Se o nome for desconhecido, pergunte como se pronuncia e repita-o em seguida até aprender. As pessoas gostam disso e se mostrarão acolhedoras se você se der ao trabalho de aprender como se pronuncia o nome delas corretamente. E então use-o pelo menos duas vezes ao longo dos primeiros minutos de conversa, e de novo ao se despedir, para deixá-las com uma impressão positiva a seu respeito.

- Peça o cartão de visitas da outra pessoa. Entregar seu cartão transfere o controle da situação para quem você acabou de conhecer. Se a pessoa não o procurar e você não tiver o cartão dela, como voltará a contatá-la?

> **O objetivo, quando estiver se relacionando em qualquer evento social, é focar na qualidade, e não na quantidade.**

52

De que maneiras posso aproveitar as pessoas da rede de relacionamentos como fontes de informação?

A rede de relacionamentos é uma fonte inestimável para conseguir informações e aprimorar seu perfil. No entanto, você deve pedir também a alguns membros seletos da rede que atuem como meios de pesquisa de opinião de sua busca por um emprego.

Muitos especialistas concordam que gerenciar uma campanha à procura de emprego é como gerenciar um negócio. Requer uma abordagem planejada e profissional. Você precisa analisar o mercado (fazendo networking e levantando dados on-line), entender os pontos fortes e as fraquezas do produto (isto é, encarar seus pontos fortes e limitações), escrever alguns anúncios de vendas (o currículo) e se colocar diante dos clientes (empregadores) na esperança de que um deles lhe ofereça o preço justo (salário) pelo produto (você).

Se for chefe ou diretor executivo da sua carreira, considere a possibilidade de pedir a umas duas pessoas que se tornem consultores amadores particulares. Elas devem ser capazes de mantê-lo motivado para seguir adiante; podem fazer perguntas no intuito de verificar se você está gastando o tempo nas tarefas certas. Talvez possam atuar como meio de pesquisa de opinião nos momentos em que tiver de tomar as decisões mais difíceis e oferecerem assistência prática por meio de entrevistas simuladas com você.

Não leve em consideração apenas os amigos mais próximos, mas também conhecidos de trabalho cujos julgamento e opiniões você respeite. Quando estiver considerando quem chamar, pense em duas questões essenciais:

1. Trata-se de alguém em cuja visão eu confio e levo a sério?

2. Será que acredito que essa pessoa me dará conselhos e feedback sinceros mesmo que às vezes eu não queira ouvi-los?

Aborde as pessoas que está considerando (ler pergunta 41) e explique por que as procurou. Sugira o tempo que considera necessário para uma conversa; um consultor às vezes poderá dispor somente de dez minutos ao telefone, uma vez por semana, enquanto outro talvez esteja disposto a se encontrar com você uma vez por mês para jantar. Podem haver surpresas agradáveis ao se perceber como a maioria das pessoas fica encantada quando lhe pedem um favor e com que frequência costumam dizer sim.

Não tenho como dimensionar a importância de ter um consultor. Talvez você tenha orgulho de sua independência e inteligência; é provável que não se sinta confortável em pedir ajuda. Mas possuir um bom consultor, alguém que o conheça profundamente, pode muni-lo de inspirações e ideias de tal maneira que nenhuma outra pessoa da rede de relacionamentos poderia. Confie em mim neste caso. Por favor.

53

Como ter certeza de que o currículo não está ruim?

Os "consultores amadores" (ler pergunta 52) devem estar habilitados a lhe fazer algumas sugestões sobre como aprimorar o currículo-base (aquele que serviu de matriz para personalizar os currículos para cada vaga em particular). Testar o currículo-base com amigos e colegas pode auxiliá-lo, mas o problema é que eles já o conhecem e podem relutar em ser tão críticos quanto você precisa que sejam. O único meio de testar a clareza e o impacto do currículo-base é submetê-lo à leitura de alguém que recrute na sua área de atuação.

Sugiro trabalhar de acordo com os passos a seguir para obter uma segunda opinião sincera:

1. Peça a amigos da rede de relacionamentos nomes de contatos que recrutem pessoas com um nível de experiência semelhante ao seu. Em vez de entrar em contato diretamente com cada selecionador, peça aos amigos que enviem seu currículo.

2. Solicite aos amigos que, ao enviar o currículo para os selecionadores, peçam que apontem tanto os pontos fortes quanto as falhas. Solicite também aos amigos informar aos contatos para serem totalmente francos no relato. Os selecionadores devem ser encorajados a buscar mais pontos negativos do que positivos e rasgar o currículo em pedaços se for o caso, afinal, elogios você pode obter com sua mãe.

3. Peça aos amigos um feedback e os convença a ser brutalmente honestos ao fazer comentários para você, especialmente os negativos.

4. Repita o processo várias vezes com diferentes selecionadores a fim de conseguir um amplo leque de opiniões sobre como melhorar o currículo.

O método de conseguir feedback*s* – atuando de maneira indireta por meio dos contatos do contato em vez de lidar diretamente com ele – consome tempo. Mas o ponto principal disso tudo é receber a opinião de outras pessoas que possam julgá-lo apenas pelo que leram a seu respeito. Acima de tudo, preste atenção aos conselhos que receber e revise o currículo de acordo.

> Submeta o currículo à leitura de alguém que recrute na sua área de atuação.

54

O que fazer quando a rede de relacionamentos não estiver gerando referências?

Networking é um método testado e aprovado para conquistar um emprego. Milhares de pessoas fazem isso o tempo todo e acabam arrumando uma colocação. Se achar que a rede de relacionamentos não está surtindo resultados, considere o trecho da pergunta 48 que aborda alguns dos erros cometidos por pessoas à procura de emprego quando estão fazendo networking.

Porém, se ainda estiver inseguro sobre o que está fazendo de errado, considere a possibilidade de simular uma situação com um dos "consultores amadores" (ler pergunta 52) ou com qualquer outra pessoa que esteja disposta a praticar com você. Verifique se o bloqueio ocorre em situações ao telefone ou nos encontros, e então faça outra simulação.

Se tiver um forte laço de amizade com alguns dos contatos com quem falou, considere a possibilidade de pedir um feedback deles também. No entanto, ao solicitar uma opinião a respeito de como se saiu ao contatá-los, você deverá encorajá-los a lhe dar um feedback sincero. Enfatize que está tentando entender o que não está funcionando e lhes assegure que não vai argumentar contra o que lhe disserem. Ao pedir a opinião dos consultores após uma simulação, ou de um contato verdadeiro sobre como se saiu durante a conversa anterior, faça perguntas como:

- Até que ponto você se sentiu confortável com a minha abordagem de maneira geral? O que poderia ter feito de diferente para facilitar a sua ajuda?

- Até que ponto me identifiquei e expliquei o que procurava de modo claro e profissional?

- Meu tom (e linguagem corporal, caso tenham se encontrado pessoalmente) foi apropriado? Qual a impressão que deixei?

- O que poderia ter feito de diferente para que se sentisse confortável em me indicar outra pessoa?

O principal não é fazer as perguntas, mas mostrar para a outra pessoa que você realmente deseja ouvir o verdadeiro ponto de vista dela; quanto mais sincero, melhor. É claro, se realmente lhe disserem o que fez de errado, tome todo o cuidado para não discutir nem se tornar defensivo. Morda a língua, aceite que de fato deve ter feito algo de errado para deixar uma impressão equivocada e expresse somente os agradecimentos pela honestidade dela. E então aprenda com o que lhe disseram.

55

Como realçar o perfil na rede de relacionamentos?

Lembre-se de que a networking tem dois propósitos (ler pergunta 10): não apenas conseguir informação, mas também realçar seu perfil. A intenção em realçar o perfil é assegurar que o maior número possível de pessoas se lembre de você quando ouvir falar de uma boa oportunidade de trabalho.

Qualquer conversa ou encontro servirá para realçar o perfil um pouco mais. No entanto, as pessoas têm memória curta. Não importa o quanto tenham se mostrado entusiasmadas ao dizer que ficarão de olho em oportunidades que surgirem, elas podem acabar se esquecendo. Lembre-se: cada um tem as próprias ocupações. Por isso, é preciso cuidar da sua visibilidade dentro da rede de relacionamentos.

Três dicas para a manutenção da visibilidade do perfil:

1. *Comece escrevendo **à mão** uma nota de agradecimento.* Sim, você leu certo. Pegue uma caneta e escreva uma mensagem pessoal e bem elaborada. Compre um papel elegante e agradeça a cada uma das pessoas para quem tenha telefonado ou com quem se encontrou, mencionando algum fato memorável que ocorreu no encontro ou dizendo especificamente o quanto elas o ajudaram. Devido à imensa quantidade de e-mails e mensagens relativas ao trabalho com a qual a maioria acaba sendo bombardeada, a sua carta escrita de próprio punho vai causar um impacto bem maior. Inclua o cartão de visitas (ler pergunta 50) e, caso

tenha usado o nome da pessoa em uma carta ou e-mail enviado a outro, inclua uma cópia também.

2. *Mantenha-se informado sobre os contatos.* Escreva notas de observação após telefonar ou se encontrar com cada um para guardar detalhes da vida profissional e particular deles. Tome nota de fatos como: a família está se mudando de casa, a filha mais velha acabou de ganhar um prêmio de ciências na escola, e assim por diante. Anotar fatos como esses permitirá que se refira a tais detalhes sem equívocos no futuro, facilitando uma nova conversa quando voltarem a se falar.

3. *Busque motivos para iniciar o contato.* Procure notícias de uma empresa em particular nos noticiários e entre em contato de novo caso pareça oportuno. Publique artigos ou notinhas que possam parecer interessantes. Talvez você possa enviar um e-mail se houver encontrado alguém da mesma área de atuação ou que o lembre de outro contato. Na prática, provavelmente não haverá tempo de conseguir manter um alto nível de visibilidade com todos; nesse caso, priorize seu tempo e concentre o maior esforço no contato com pessoas que possam de alguma maneira ser mais importantes para você.

Os resultados que se atingem ao fazer networking são diretamente proporcionais tanto ao tamanho da rede quanto ao grau de intimidade com os contatos. Quanto mais pessoas encontrar que se lembrem de você e possam se transformar em aliadas, mais fácil será conquistar o emprego adequado.

> **Pegue uma caneta e agradeça a cada uma das pessoas para quem telefonou ou com quem se encontrou pessoalmente.**

56

Vale a pena enviar uma carta de apresentação para uma empresa que não tenha anunciado a vaga?

Para a maioria, as cartas de apresentação enviadas sem que haja uma vaga disponível são descartadas. Recebi uma outro dia que guardei apenas para poder responder a essa pergunta. O envelope estava endereçado ao "gerente", e a carta iniciava com "A quem possa interessar".

O primeiro problema de enviar uma carta a uma empresa sem ter um nome a quem endereçá-la é que ela pode não acabar nas mãos certas. Se houver mais de um gerente, a carta pode facilmente cair nas mãos de alguém que não tem nada a ver com contratações. E é claro que ela vai para o lixo na mesma hora.

O outro problema é que qualquer coisa endereçada ao "gerente-geral" ou que inicie com "Caro senhor/senhora" é indicativo de que você possa ser um incômodo. Tais cartas tentam indicar ao leitor o que os candidatos têm a oferecer. Mas os empregadores são muito ocupados para se preocupar com o que você tem a oferecer. Empregadores só se preocupam com o que pode ser feito por eles.

Consideremos que você consiga o nome da pessoa certa a quem endereçar a carta. Creio que não seja o suficiente também. Cada empregador deseja entender por que você quer trabalhar para ele em vez de para outra empresa qualquer. Cada pequena empresa mundo afora acredita ser ímpar. Ainda que duas empresas possuam o mesmo número de funcionários, compitam pelo mesmo mercado consumidor, na mesma cidade, e até trabalhem no mesmo prédio, não importa – cada uma *acreditará* que possui um diferencial. Você só vai conseguir atrair a atenção do empregador caso aponte esses diferenciais.

Tampouco finalize a carta com "Aguardo retorno em breve", e pronto. Presume-se desse modo que o empregador vai se dar ao trabalho de entrar em contato. Na verdade, supõe-se que a pessoa a quem escreveu tem um milhão de outras tarefas mais importantes para executar naquela semana e que você não vai chegar a lugar algum. Lembre-se de sempre finalizar mencionando que *você* vai retornar o contato.

> Para a maioria, as cartas de apresentação enviadas sem que haja uma vaga disponível são descartadas.

57
Como redigir uma carta de apresentação espontânea e *eficaz*?

A melhor maneira de redigir uma boa carta de apresentação espontânea é mostrando objetividade, assim como algum comentário que demonstre a admiração que tem pela pessoa em particular para a qual está escrevendo ou lhe mostre o quanto poderia ser valioso para a empresa dela. É um modo de compelir a pessoa a quem endereçou a carta a lê-la por inteiro, porque ela foi escrita de acordo com seus interesses e elaborada em particular para seus negócios.

Conheço, por exemplo, gente que conseguiu um emprego no disputado mundo das produtoras de filmes e televisão escrevendo para um produtor em particular e comentando algo sobre as produções que ele havia feito.

Uma vez escrevi para o presidente do conselho de uma empresa sobre um artigo que ele escreveu para um jornal, finalizei a carta convidando-o para uma conversa e acabei conseguindo o emprego.

Caso não tenha nenhum comentário a fazer ou ideia a oferecer, nem se dê ao trabalho de entrar em contato. Retome a pesquisa on-line ou em publicações; fale com as pessoas da rede de relacionamentos até que consiga descobrir algo.

As cartas de apresentação de maior impacto mencionam nomes de conhecidos em comum, por exemplo: "[cite o nome] e eu estávamos falando sobre [cite o assunto] e ele(a) sugeriu que eu entrasse em contato com você, pois [cite o motivo]". Então ligue alguns dias depois para falar com a secretária da pessoa a fim de agendar um horário para um encontro.

A seguir, alguns passos essenciais para escrever uma carta de apresentação eficaz:

1. Pesquise sobre a empresa até que tenha algo válido a dizer (ler pergunta 64).

2. Encontre um nome apropriado e específico para o qual endereçá-la.

3. Elabore uma carta colocando seu ponto de vista. Diga algo controverso, chame a atenção, faça uma sugestão que beneficie a empresa e mencione que ligará para a tal pessoa a fim de pedir alguns conselhos em vez de pedir por um emprego.

4. Ligue em seguida e tente marcar um encontro para pedir informações e conselhos. Trate o encontro como uma reunião informativa em vez de uma entrevista.

5. Após tudo isso, envie uma notinha de agradecimento e um currículo personalizado para a empresa em questão. Mencione o quanto você gostaria de trabalhar para aquela empresa. E então telefone de novo para verificar se causou uma boa impressão a ponto de receber uma oferta de emprego ou se pelo menos pode adicionar aquela pessoa a sua crescente rede de relacionamentos.

58

Será que devo enviar uma carta de apresentação espontânea para gerentes de linha ou de RH?

Definitivamente, e, mais uma vez, definitivamente, envie uma carta de apresentação diretamente aos gerentes de linha. Se os gerentes de linha ficarem impressionados o suficiente com a ideia que você abordou na carta, podem querer conhecê-lo por motivos além da curiosidade. Se gostarem o bastante de você, encontrarão um jeito de lhe arrumar uma vaga.

Evite a todo custo ser direcionado à equipe de recursos humanos ou ao departamento pessoal. Eles são guardiões, pagos para afastarem os currículos considerados lixo e as cartas de apresentação o mais distante possível das mesas dos ocupados gerentes de linha. Podem até dizer que vão "arquivar os dados", o que em geral significa jogar no cesto de lixo junto do pacote com os restos de um sanduíche e uma lata vazia de refrigerante. Ainda que de algum modo miraculoso você consiga chegar a um acordo com o pessoal do departamento de recursos humanos, isso não o levará muito longe. Não importa o quanto a pessoa de recursos humanos tenha simpatizado com você, ela não tem o poder de forçar um gerente de linha a lhe conceder um cargo. O departamento de recursos humanos está ali para servir aos gerentes de linha, e não o contrário.

Ah, estava *quase* chegando ao fim sem dizer que você precisa de um nome específico para quem enviar a carta em vez de apenas esperar que "o gerente-geral", "o gerente de filial", "o gerente encarregado", ou seja lá quem for, fique suficientemente intrigado ao ler sua carta; sem um nome, eles não ficarão (ler pergunta 56).

59

Como conseguir o emprego esperado sem ter as qualificações necessárias?

Os empregadores frequentemente se veem atolados com um volume de fichas de inscrição ou currículos maior do que desejavam. Por isso, os anúncios de emprego costumam estipular algumas condições específicas, como nível de instrução. Ocasionalmente podem até mesmo insistir em certos níveis quando precisam reduzir o número de candidatos.

Isso pode ser um problema para você que está à procura de emprego, é capaz de executar a função, mas aprendeu o trabalho ao longo da carreira e de maneira menos convencional. Por exemplo, você pode ter trabalhado em um departamento de contabilidade, mas não possuir o registro de contador. Certa vez trabalhei com um candidato que havia aprendido sozinho linguagens de programação e como usar programas complexos de desenvolvimento de sites, porém não conseguia uma colocação porque não possuía os certificados que alguns empregadores requeriam para provar sua competência.

Mas nem tudo está perdido. Empregadores, com frequência, costumam dar o emprego a pessoas em que confiam, pessoas que conhecem pessoalmente. Nesses casos, o primeiro passo deveria ser falar com pessoas da rede de relacionamentos. Descreva sua situação e coloque a questão: "Você consegue se lembrar de alguma pessoa que esteja exercendo a função que eu almejo sem o _____?". Insira no espaço em branco a qualificação em particular ou os anos de experiência requeridos, ou ainda outro fator que os empregadores estejam exigindo.

Para um pequeno número de funções – se quiser se tornar um revisor oficial de contas, um médico ou um agrimensor, só para citar alguns exemplos – você verá que é quase impossível entrar no ramo sem as qualificações necessárias. No entanto, em muitos outros ramos, poderá constatar que a qualificação é importante, mas nem sempre necessária, em particular se conseguir encontrar alguém que o recomende. Portanto, continue na rota da networking e envie cartas de apresentação (ler pergunta 57) para conseguir ficar diante dos gerentes de linha. Geralmente é o departamento de recursos humanos que dita as regras de acordo com qualificações e/ou experiência. Gerentes de linha estão mais preocupados em encontrar candidatos que saibam executar o trabalho em vez de querer saber se possuem ou não as folhas de papéis certas com os nomes deles.

> Empregadores, com frequência, costumam dar o emprego a pessoas em que confiam, pessoas que conhecem pessoalmente.

60

É interessante arriscar as vagas de empresas de pequeno porte?

Pelo menos metade das oportunidades de emprego disponíveis para você estará nas empresas de pequeno e médio porte com menos de 250 funcionários. É evidente que as estatísticas variam de região para região, de país para país, de setor industrial para setor industrial. Mas quaisquer que sejam os números precisos, considere que cerca de *metade do mercado de trabalho paira entre as empresas das quais você possivelmente nunca ouviu falar.*

A seguir quatro bons motivos para dedicar pelo menos um tempinho às empresas de pequeno porte:

1. Empresas menores tendem a não possuir um departamento de RH, que bloquearia seu acesso imediatamente.

2. É fácil descobrir quem é o gerente de linha com autoridade para contratar: é o chefe. O que torna muito mais fácil encontrar o nome da pessoa para entrar em contato.

3. Empresas menores raramente anunciam vagas. Quando precisam preencher uma, tendem a considerar candidatos que tenham referência ou recomendados.

4. Empresas menores são muito mais flexíveis do que as maiores. Se conseguir convencer o chefe de que é um candidato forte, a empresa pode até querer *criar* uma vaga para você.

Aliado a tudo isso, pesquisas sobre empresas bem conceituadas onde se trabalhar são sempre desproporcionais em relação às das pequenas. As empresas de pequeno porte costumam ter um clima mais "familiar"; todo mundo conhece todo mundo pelo nome e as pessoas costumam ser mais felizes. Portanto, pense se uma empresa menor talvez não seja boa para você também.

61

O que fazer se precisar apresentar referências quando não há uma boa relação com o chefe ou ex-chefe?

Caso tenha diferenças de opinião com seu chefe atual ou com o ex, pode ser que sinta receio de que ele resolva acertar as contas escrevendo uma carta de referência antipática ou algo que o atinja diretamente.

A boa notícia é que talvez nunca precise de uma carta de referência. A menos que esteja se candidatando a um campo de trabalho mais delicado (por exemplo: educacional, assistencial, de segurança, e assim por diante), muitas empresas de pequeno porte não se dão ao trabalho de checar referências (ler pergunta 60). Talvez nem mesmo as grandes as confirem.

Mas, se precisar de uma, poderá então falar com seu chefe. Pegue o telefone e atenue as diferenças, pedindo desculpas ou apelando ao bom senso dele para agir de modo justo, ou até mesmo para a culpa – seja lá o que for preciso para assegurar que ele escreva uma carta de referência no mínimo neutra.

Outra alternativa é buscar referências de alguém que não seja seu chefe imediato. Considere outros indivíduos que ocupem cargos mais altos dentro da empresa e que possam falar sobre seu trabalho de modo positivo. Caso não consiga pensar em nenhuma pessoa que ocupe tal posição, talvez possa conseguir uma referência de um cliente importante ou fornecedor com quem tenha um relacionamento razoável. O fato de não pedir uma carta de referência do último chefe não é enganação pura, apesar de estar em um campo moralmente discutível. Contanto que as instruções de apresentação para uma carta de referência estipulem que você precisa apenas apresentar uma referência de alguém que conheça bem seu trabalho, você está pisando em terreno seguro. É claro que você poderia mentir, mas isso não é apenas imoral; é também ilegal, e eu não gostaria que fosse descoberto. Mas não estou aqui para julgar ninguém, portanto deixo essa última (e arriscada) opção.

Muito bem, o que tudo isso quer dizer? Para ser mais preciso, você tem quatro opções:

1. Concentrar os esforços nas empresas de pequeno porte que tendem a não checar referências.

2. Evitar candidatar-se a empregos na área assistencial, de segurança, educacional, e assim por diante.

3. Acalmar seu chefe pedindo desculpas ou seja lá o que for preciso.

4. Pedir referências a outro gerente.

62
É desonesto manipular referências?

Creio que exista uma diferença fundamental entre *influenciar* as pessoas que vão dar referências e simplesmente *instruí-las*. A primeira implica uma tentativa até certo ponto moralmente suspeita de encorajar alguém a descrevê-lo de maneira mais positiva do que de fato faria sem sua interferência. No entanto, dar instruções específicas a quem for redigir a carta de referência é uma boa prática. Lembre a pessoa de que a citação de uma situação genuinamente positiva aumentará as chances na conquista de um bom emprego.

Seguem algumas ideias de como lidar de modo eficaz com quem vai dar referências:

- *Faça uma lista de pessoas que poderiam dar referências.* Enquanto uma pode ser útil para a verificação de datas e/ou salário, outra pode ser mais adequada para comentar sobre responsabilidades, desempenho e caráter. Pode ser necessário abordar várias pessoas, dependendo do que cada empregador lhe pedir.

- *Peça permissão.* Sempre peça permissão a cada uma das pessoas que possa fornecer referências suas, perguntando-lhe se se sentiria à vontade para fornecer uma carta de referência positiva sobre você. É preciso ter certeza de que a pessoa está disposta a apoiá-lo sem reservas.

- *Envie uma cópia do currículo às pessoas que forem escrever as cartas de referência.* Certifique-se de que estejam de acordo com as datas principais, com o título do cargo que você ocupa, responsabilidades, e assim por diante.

- *Sugira façanhas notáveis ou exemplos que deseja incluir na carta de referência.* Lembre as pessoas que forem redigir as cartas de alguma realização notável que é preciso que confirmem. Isso não é desonesto; você está apenas lembrando-as de fatos de que podem ter se esquecido. Converse com cada uma ao telefone ou envie um lembrete por e-mail (ou faça as duas coisas) para assegurar que possam falar ou escrever sobre o que você precisa.

- *Agradeça pela ajuda.* Tenha em mente que dar referências é um favor, e não uma obrigação. Se a busca por uma colocação demorar mais tempo do que o esperado, pode ser uma boa ideia entrar em contato vez ou outra e alertá-las de que fiquem preparadas para falar em seu benefício.

Se estiver preocupado com o que as pessoas que vão dar referências poderão falar a seu respeito, peça aos "consultores amadores" (ler pergunta 52) que se passem por um suposto empregador e liguem para as referências, ouvindo exatamente o que têm a dizer a seu respeito. Claro que pedir aos consultores que mintam por você é um pouco desonesto, mas tempos difíceis pedem medidas duras. Eu ficaria um tanto insultado se alguém fizesse isso comigo, mas a opção extrema de verificar o que as referências estão dizendo a seu respeito está entre você e sua consciência.

> Dar instruções específicas a quem for redigir a carta de referência é uma boa prática.

63

Quanto é preciso pesquisar antes de uma entrevista?

Assim como fazer a lição de casa já era motivo suficiente para a sua professora ficar feliz, ter feito uma pesquisa deixará o empregador feliz, possivelmente feliz o bastante para lhe dar o emprego. Mesmo que tenha sido indicado ou solicitado para uma posição, é quase certo que o empregador vai entrevistar outros candidatos. E você deve demonstrar ter mais interesse do que os outros ao mostrar que sabe bastante a respeito do empregador e da empresa dele.

No mínimo, você deve estar apto a responder às seguintes perguntas:

- Quais são os produtos ou serviços principais que a empresa oferece?

- Qual é a imagem que a empresa tem de si mesma em termos de reputação, valores e cultura?

- Quais são os nomes dos principais executivos? Quais as funções que exercem e por que são importantes?

- Quem são os principais concorrentes desse mercado?

- Quais são os pontos fortes e fracos de cada um?

- O que está acontecendo na empresa? Quais são os maiores desafios e sucessos?

Faça a pesquisa com o intuito de mostrar que está disposto a ajudar a empresa a ter sucesso. Mostre não apenas que preenche as qualidades mínimas para o trabalho, mas que também possui ideias e opiniões que podem contribuir de modo substancial. Esteja sendo entrevistado para uma vaga no setor de correspondência ou na diretoria, demonstre que entende a empresa e que está disposto a incorporar o espírito da casa de peito aberto.

Graças à era da internet, a maioria dos empregadores possui um site que vai fornecer muitas das respostas que você busca. Não dar nem uma olhadinha no site da empresa é pura preguiça; candidatos que não verificam o site francamente não merecem ser contratados.

No entanto, talvez não consiga encontrar todas as respostas em um site apenas. Verifique também outros do mesmo setor, bem como publicações de negócios e revistas de empresas; tenha em mente ainda que você pode ter de fazer uma visita a universidades ou bibliotecas locais a fim de conseguir ter acesso a algumas das publicações. E não se esqueça de que os membros da rede de relacionamentos podem também lhe dar mais algumas respostas (ler pergunta 41).

64

Como impressionar um empregador para quem eu queira *muito* trabalhar?

Talvez você tenha em mente várias empresas nas quais sonharia trabalhar. Ou quem sabe tenha preferência por uma delas apenas. Seja redigindo a carta de apresentação (ler pergunta 35), escrevendo a uma empresa que não esteja oferecendo nenhuma vaga (ler pergunta 57) ou então se preparando para aquela entrevista muito importante, cabe a você fazer uma boa pesquisa a fim de conseguir surpreender e encantar o empregador.

Pesquisas em publicações ou por intermédio da internet têm seu papel (ler pergunta 63). Assim como também tem a rede de relacionamentos (ler pergunta 10). No entanto, considere outros métodos de pesquisa para conquistar o emprego dos sonhos:

- *Compareça a feiras de negócios, feiras de exposição, cursos e seminários.* Mesmo que a empresa de seu interesse não esteja participando da feira, você pode aprender mais sobre o setor em geral. As empresas normalmente participam de uma feira de exposição ou de outros eventos para promover o que fazem; sendo assim, estarão dispostas a responder a todas as perguntas que fizer.

- *Busque trabalho temporário na sua área de atuação.* Não despreze as oportunidades de trabalho temporário. Caso o salário não seja tão bom quanto o que ganhava, e o trabalho, muito menos estimulante, veja-o como uma oportunidade de absorver informações sobre a profissão ou o setor que escolheu.

- *Leia biografias e autobiografias apropriadas.* Amplie os horizontes para que assim adquira conhecimento sobre a história do campo de atuação que escolheu e as pessoas importantes da área.

- *Visite as empresas de seu interesse (se puder).* Visite lojas, filiais, *showrooms*, salões ou outras instalações de cada uma das empresas para quem deseja trabalhar. Pesquise os produtos e serviços oferecidos pelo empregador e aprenda sobre eles. Converse com funcionários e vendedores; saiba o que fazem. Compre alguns produtos se possível e caso o preço seja acessível. Experimente o serviço e avalie do que gostou ou não.

- *Visite também os **concorrentes** da empresa de seu interesse.* Pesquise, observe, experimente, compre e converse com funcionários. Avalie de modo crítico e procure identificar como seu empregador dos sonhos poderia melhorar o produto dele.

Sim, tanta dedicação vai consumir muito tempo, mas, se *realmente* deseja trabalhar para uma empresa em particular, estamos falando do emprego dos *sonhos* – será que não vale a pena? Se conseguir mostrar a um empregador o quanto poderia ajudá-lo no aumento de vendas dos produtos, na redução dos custos, no aprimoramento da qualidade do serviço oferecido aos consumidores, na redução do número de reclamações ou apresentando quaisquer outros benefícios verdadeiros, que empregador deixaria de contratá-lo?

65

É verdade que a maioria dos entrevistadores decide se gostou ou não do candidato em alguns minutos?

Os entrevistadores podem negar, mas é verdade. A maioria decide nos primeiros dez, cinco, ou mesmo dois minutos de entrevista. Existem várias provas que confirmam o que sempre soubemos: a primeira impressão é a que fica.

Peço desculpas se os pontos seguintes possam parecer complacentes, mas, diante de minha experiência, muitos candidatos subestimam a primeira impressão. Siga os seguintes passos essenciais para fazer com que os primeiros minutos corram tranquilamente:

- *Planeje com antecedência fragmentos de conversas.* Chegue mais cedo na recepção e olhe ao redor procurando pontos que possa elogiar com *sinceridade,* tais como o murmurinho animado da atividade dentro do prédio, alguma peça de arte, placas que celebram premiações que a empresa tenha recebido, uma recepcionista simpática, e assim por diante.

- *Certifique-se de que sua mão não está úmida de suor.* Caso esteja nervoso, segure um lenço dentro do bolso, ou enxugue discretamente a mão na parte de trás da perna da calça antes de trocar um aperto de mão.

- *Sorria e segure a mão com firmeza ao se apresentar.* Cumprimente o entrevistador com um sorriso largo e abra a mão para ter certeza de que a lateral interna, o pequeno espaço entre o dedo indicador e o polegar, toque a parte correspondente da mão do entrevistador. Chacoalhe a mão pelo menos três vezes: "Meu nome é Tony Collins, prazer em conhecê-lo".

- *Permita que o entrevistador lidere a conversa.* Prossiga com a conversa à medida que o entrevistador lhe der espaço. Se ele for falante, dê continuidade à conversa; caso não seja, fique calado. Concentre-se com firmeza nos pontos positivos da conversa de apresentação e evite fazer comentários negativos, ainda que conseguir chegar à entrevista tenha sido terrível ou a recepcionista tenha agido com rispidez.

- *Emane confiança por meio da palavra e da ação.* Seja positivo e comporte-se como se estivesse confiante mesmo que não esteja necessariamente se sentindo assim (ler pergunta 80).

- *Verifique duas vezes a higiene pessoal.* Corte o cabelo, engraxe os sapatos, passe desodorante, evite perfume. E, *especialmente* se fumar, cuide do hálito com uma pastilha de menta.

> **A maioria dos entrevistadores decide nos primeiros dez, cinco, ou mesmo dois minutos da entrevista se gostou ou não do candidato.**

66

O que os entrevistadores realmente buscam?

Entrevistadores não desejam candidatos que tenham habilidades e conhecimento para executar o trabalho mas que sejam muito preguiçosos para aplicá-los. Tampouco querem alguém que tenha capacidade mas que seja muito arrogante para ouvir críticas. E, diante de dois candidatos com as mesmas qualidades, a maioria dos entrevistadores prefere escolher trabalhar com quem simpatizaram mais.

Em resumo, os entrevistadores buscam não apenas *competência* (capacidade para exercer a função), mas também *química* (alguém de que gostem).

Em termos de competência, querem contratar um candidato que:

- Tenha qualidades e conhecimento para lidar com os desafios básicos do trabalho.

- Possua atitude e motivação para aplicar tais habilidades e conhecimento.

- Esteja disposto a fazer um amplo treinamento e a receber feedbacks para aprender como desempenhar melhor a função.

- Seja independente o suficiente para tomar iniciativa quando os problemas surgirem, mas ao mesmo tempo busque conselhos e instruções quando os problemas forem muito grandes.

- Possa com o tempo se tornar ainda melhor no trabalho e ajude a equipe e a empresa a obter sucesso.

- Mostre disposição para trabalhar e contribua em vez de ficar sentado, buscando meios de trabalhar menos.

Em termos de química, os entrevistadores querem encontrar um candidato que:

- Seja uma companhia simpática e agradável.

- Tenha magnetismo pessoal e demonstre senso de humor e entusiasmo na medida certa.

- Tenha habilidades sociais e personalidade suficientes para que os entrevistadores desejem passar mais tempo com ele, talvez longas horas, trabalhando noite adentro em um grande projeto, tomando um cafezinho, um lanche na lanchonete ou uma bebida após o expediente.

- Consiga se relacionar com a equipe sem causar problemas nem conflito.

- Mostre interesse sincero em trabalhar para a empresa onde está, e não para o concorrente.

- Tenha valores parecidos com os de quem já trabalha na empresa.

Mantenha estas duas qualidades distintas em mente em cada entrevista a que comparecer. Competência e química

– não se consegue obter sucesso sem ambas. Portanto, não considere apenas *o que* você diz, mas *como* diz. Prove que não só é capaz de desempenhar a função, mas que é digno dela também.

> Competência e química – não se consegue obter sucesso sem ambas.

67
Devo decorar respostas para perguntas de uma entrevista?

Existem livros disponíveis no mercado intitulados *Brilliant answers to tough interview questions* [Respostas brilhantes para cada uma das perguntas feitas em uma entrevista] e *Great answers to tough interview questions* [Grandes respostas para perguntas difíceis]. Tais livros insinuam que você deve se preparar e memorizar um roteiro de respostas para as muitas perguntas que possam lhe fazer.

Certamente existem algumas perguntas que sempre são feitas nas entrevistas. Mas os entrevistadores têm o maldoso hábito de variar dentro do mesmo tema, o que significa que as respostas que decorou podem não servir para responder às perguntas que os entrevistadores farão.

Vale lembrar que o que um empregador mais deseja saber é se você pode fazer a diferença, adicionar valor, trazer resultados. Se tiver esse princípio simples em mente, poderá preparar vários exemplos para provar o quanto fez diferença para outros empregadores no passado:

1. Dê uma olhada no anúncio do emprego e levante aproximadamente uma dezena de habilidades e qualidades necessárias para o trabalho. Talvez você precise gerenciar a agenda de um ocupado gerente-geral, trabalhar com prazos desafiadores, e estabelecer contato com clientes e fornecedores. Talvez precise cortar custos dentro de determinado departamento que esteja gastando muito,

inspirar a equipe de técnicos a desenvolver produtos superiores e melhorar o relacionamento com os outros departamentos dentro da empresa.

2. Em seguida, escreva uma descrição de como poderá vender sua imagem diante de cada uma das habilidades e qualidades que o empregador precisa. Então busque no fundo da memória exemplos de situações em que você demonstrou cada uma daquelas habilidades e atributos. Anote os exemplos.

3. Depois de ter anotado cada um dos exemplos, apanhe outra folha de papel e extraia os pontos principais que deseja comunicar ao entrevistador. É mais fácil se lembrar dos pontos principais e usá-los para reavivar a memória do que decorar longas respostas. E, sim, escreva tudo. Um plano de ação eficaz não é algo que possa fazer enquanto está passando roupa, tomando banho, ouvindo rádio ou levando os filhos para a escola.

> O que um empregador mais deseja saber é se você pode fazer a diferença, adicionar valor, trazer resultados.

68

É verdade que a linguagem corporal importa mais do que o que se diz?

Um candidato que evita estabelecer contato visual, treme visivelmente e não consegue se manter parado, nunca vai conseguir o emprego, não importa o quanto seja capacitado. Portanto, sim, a linguagem corporal é muito importante.

Uma famosa pesquisa menciona que aproximadamente mais de 50% da impressão que a maioria das pessoas tem do outro deriva de pistas fornecidas por uma dança não verbal mais conhecida como linguagem corporal. Como resultado, *o que* você diz pode importar menos do que *como* diz, principalmente durante os primeiros minutos da entrevista (ler pergunta 65). Considere os seguintes indicadores:

- *Cuide da postura.* Sentar-se ereto causa uma impressão melhor do que ficar largado sobre uma cadeira. Evite que o cansaço ou o nervosismo façam seus ombros penderem para a frente. Use a postura para enfatizar os pontos principais, inclinando-se para a frente de vez em quando.

- *Use expressões faciais apropriadas.* Sorria quando estiver falando sobre os pontos fortes e suas realizações. Transmita uma atitude positiva, certificando-se de que esteja emanando todo o entusiasmo que de fato sente.

- *Mantenha o contato visual apropriado.* Olhe diretamente para os entrevistadores sempre que falarem. Mas sinta-se livre para desviar o olhar ocasionalmente enquanto estiver respondendo.

- *Demonstre que está ouvindo com atenção.* Quando o entrevistador estiver falando, acene com a cabeça e "pisque" os olhos ao erguer as sobrancelhas de vez em quando para enviar um sinal não verbal de que está prestando atenção.

- *Evite brincar com os dedos.* Candidatos nervosos costumam tamborilar, mexer em chaves dentro dos bolsos ou brincar com uma joia. Repouse as mãos sobre a mesa ou mantenha-as juntas sobre o colo.

- *Use as mãos para enfatizar os pontos principais.* Movimentos de mãos fazem com que as pessoas pareçam muito mais atraentes e podem adicionar credibilidade ao que está sendo dito. Por exemplo, pense em contar os pontos principais nos dedos ou movimentando as mãos um pouco mais para indicar entusiasmo. Observe outras pessoas em vários tipos de situações e preste atenção aos gestos que fazem enquanto falam; adote alguns dos gestos que combinem com seu estilo.

- *Evite cruzar os braços e as pernas.* Alguns entrevistadores acreditam que braços cruzados ou pernas são sinais de uma postura defensiva ou até mesmo de enganação. Evite também movimentar muito os pés.

Mais uma vez (ler a pergunta 65), peço desculpas por soar tão óbvio. No entanto, assim como a maioria das pessoas superestima a capacidade de lidar com suas qualidades, o senso de humor e a habilidade de satisfazer um amante na cama, a maioria dos candidatos superestima a habilidade de estabelecer um relacionamento com os entrevistadores. Não permita que este seja seu caso. Certifique-se de não estar subestimando a força do impacto não verbal.

> *O que* você diz pode importar menos do que *como* diz.

69

Como parecer mais convincente durante uma entrevista?

Entrevistadores às vezes comentam sobre candidatos que são convincentes e persuasivos ou que tenham presença, dignidade, até mesmo qualidades de estrelas. Em geral, características como essas são transmitidas por meio de qualidades vocais como:

- *Tom da voz.* Timbres altos e agudos costumam ser considerados menos convincentes do que um tom de voz grave. Se deseja passar carisma, abaixe o tom de voz. Varie o timbre algumas vezes durante a entrevista para prender a atenção dos entrevistadores, por exemplo, abaixando o tom quando estiver falando sobre temas sérios ou delicados e erguendo-o para demonstrar entusiasmo.

- *Velocidade da pronúncia.* Falar lentamente pode ser visto como um sinal de dignidade, mas falar *muito* lentamente pode ser interpretado como cansaço. Falar um pouco mais rápido em determinadas situações pode sugerir entusiasmo, mas falar rápido demais o tempo todo dará a entender que está tentando encobrir o nervosismo. Pense em como modular a velocidade da voz de acordo com o que falar durante a entrevista para passar a impressão certa quando necessário, por exemplo, ao falar sobre o quanto você de fato, verdadeira e sinceramente quer o emprego (mais rápido) e, ao contrário, ao descrever uma situação complicada com a qual teve de lidar no trabalho (mais devagar).

- *Volume.* Falar muito baixo é quase sempre visto como um sinal de falta de confiança. Falar muito alto pode denotar arrogância. No entanto, pense em como variar o volume da voz, talvez enfatizando palavras-chave e frases com relevância equivalente a palavras digitadas em negrito.

- *Uso das pausas.* Tenha em mente que as orações devem terminar com um ponto final. Assegure-se de que não deixa as orações emendarem em um emaranhado confuso.

Creio que não poderei oferecer mais regras de como soar mais convincente porque tudo depende da situação. Por exemplo, um candidato que sabe que é muito mais velho do que os outros talvez precise mostrar que é uma pessoa cheia de energia e para tal deve falar mais rápido e um pouquinho mais alto; outro que seja consideravelmente mais jovem do que os outros talvez precise buscar um modo de parecer mais maduro e digno, diminuindo o ritmo. O único conselho que posso lhe dar é que reflita sobre suas qualidades orais e talvez consiga perceber como aproveitá-las da melhor maneira para atingir o efeito desejado (ler perguntas 70 e 93).

70

Como saber se causarei uma boa impressão durante a entrevista?

Você pode se preparar mentalmente o quanto quiser, mas nada supera a prática em voz alta para assegurar que vai causar a melhor das impressões durante a entrevista. Atores ensaiam antes de se apresentar em um palco, não leem simplesmente os textos inúmeras vezes. Eles praticam, repetindo as falas em voz alta.

No entanto, pense em você mais como um ator amador do que um profissional. Um ator precisa decorar as falas. Você, ao contrário, tem pontos principais (ler pergunta 67) e deve estar pronto para se expressar por si mesmo de modo sucinto enquanto demonstra a linguagem corporal adequada (ler pergunta 68) e um tom de voz (ler pergunta 69) de acordo com cada situação também.

Tente as dicas a seguir:

- *Simule uma entrevista.* Dizem que a prática leva à perfeição, mas eu diria que a prática *perfeita* leva à perfeição. Quanto mais próximo conseguir chegar às condições de uma entrevista, mais eficaz será a prática. Por exemplo, sente-se em uma cadeira com encosto firme em vez do sofá. Fale as respostas em voz alta, no volume certo, prestando atenção ao tom de voz. Sente-se de frente para um espelho para que assim possa observar a linguagem corporal também.

- *Filme o ensaio.* Use uma filmadora. Ou, caso não tenha uma, compre uma *webcam* barata para filmar os ensaios. Assista depois a seu desempenho e critique a postura, as expressões faciais e os gestos das mãos. Preste atenção à qualidade da voz – você contrataria a si mesmo? Escute o número de "nés" e "tás" que soltou e continue praticando até que consiga eliminá-los.

- *Simule com pessoas que possam lhe dar um feedback.* Amigos e familiares podem ajudar fazendo as perguntas da entrevista para você, mas não espere que lhe apontem os pontos fracos e o ajudem a aprender. Em vez disso, fale com conhecidos do meio profissional ou com consultores (ler pergunta 52). O ideal é que antes você mostre a eles o anúncio do emprego e uma cópia do currículo. Então dê permissão para fazerem quaisquer perguntas que considerarem relevantes à vaga. Lembre-se que o propósito de ensaiar e simular não é decorar as respostas, e sim praticar a adaptação delas a diferentes estilos de entrevistadores.

> Você pode se preparar mentalmente o quanto quiser, mas nada supera a prática em voz alta.

71

É preciso levar uma pasta executiva cheia de "brinquedinhos" para as entrevistas?

Talvez você não precise de uma pasta executiva último modelo, mas não deixe de levar uma com tudo o que for preciso para impressionar o entrevistador.

Para determinadas ocupações, você pode querer mostrar aos entrevistadores o que é capaz de fazer em vez de apenas falar sobre isso. Pense em um modo de permitir que o entrevistador veja, sinta o cheiro, prove e toque no objeto que você pode fazer com as próprias mãos. Leve um portfólio com fotografias que você tirou, crie uma página promocional para demonstrar seus dotes artísticos ou talentos publicitários, mostre, nem que seja por um minuto, um videoclipe promocional que tenha dirigido. Leve o projeto de um prédio que tenha ajudado a desenhar, mostre peças de uma coleção de roupas de sua criação, carregue um diagrama de um processo que ajudou a desenvolver. Escolha o que for *apropriado* para a função – não estamos falando de levar um bolo para demonstrar talentos na área financeira.

Se estiver se candidatando para uma função mais convencional, administrativa ou do meio executivo, leve cópias do currículo. Não é raro gerentes de linha serem convocados no último minuto para entrevistar alguém. Caso não tenham uma cópia do currículo, você pode entregar uma novinha em folha, na hora.

Entre na sala de entrevista sem causar tumulto. Não perca tempo à procura de uma pasta com cópias dos certificados ou outros documentos. Não apanhe bloquinho e caneta, e isso vale em dobro para um *laptop*. Você não é um repórter que precisa tomar nota de tudo. A função de um entrevistado é ajudar o entrevistador a decidir se o contratará ou não. Não é preciso anotar nada, nem são necessários papel, caneta ou *laptop*.

Alguns candidatos gostam de mostrar aos entrevistadores os certificados ou cópias de pesquisas, ou outros documentos de que tenham orgulho. Se fizer isso, os entrevistadores podem dar uma olhada nos papéis e assentir em sinal de aprovação. Mas, a menos que lhe *peçam* antes para ver, estarão apenas fingindo interesse para não ser grosseiros, enquanto, no fundo, estão pensando que você é insistente e está muito desesperado para se exibir. Portanto, leve tudo que precisar com você, mas mostre apenas o que for solicitado.

72

Até que ponto "ser você mesmo" durante uma entrevista?

Existem duas linhas de pensamentos sobre esse tópico. Uma linha defende que, se fingir ser alguém que não é, pode acabar recebendo uma oferta de emprego que o fará profundamente infeliz. Pessoas da área sugerem que se você se comportar da maneira que costuma agir normalmente, terá certeza de que receberá ofertas de cargos em que o empregador vai valorizá-lo por quem é de fato.

A outra linha de pensamento argumenta que você deve se apresentar como a pessoa que imagina que o empregador esteja buscando, agindo de modo um pouco mais ativo ou introspectivo, talvez mais assertivo ou menos falante do que costuma ser, para assim conquistar a vaga. Pessoas da área sugerem ainda que, ao fazê-lo, você tem a vantagem de poder decidir se aceita ou não o emprego.

Eu tendo à segunda linha, que argumenta que é preciso refletir sobre que tipo de pessoa o empregador está buscando. Todos nós, em diferentes níveis, mostramos aspectos distintos de nós mesmos quando estamos interagindo com pessoas distintas. Apostaria que você se comporta de modo um pouco distinto com seus pais do que quando está com o cônjuge, com a sogra ou com o melhor amigo. No trabalho, você também vai apresentar diferentes facetas, provavelmente se comportar de uma maneira com os colegas de trabalho e de outra com os clientes ou compradores. E você falaria com seu chefe do mesmo modo que fala com os colegas da equipe?

Pense em uma entrevista como se fosse um primeiro encontro: comporte-se da melhor forma possível mesmo que não tenha certeza se vai querer se casar. Use uma entrevista como uma oportunidade de apresentar um lado seu que é mais conservador ou falante, analítico ou empreendedor, se for isso que os entrevistadores estiverem buscando.

Defensores do "seja você mesmo" argumentam que fingir ser outra pessoa é receita garantida para uma carreira infeliz. Fãs do "mostrar o *melhor* de si mesmo" argumentam que você deve aceitar o emprego e *depois* decidir se fica ou não. Quando receber uma proposta de emprego efetivamente, poderá conhecer os demais membros da equipe, fazer mais perguntas e sanar quaisquer dúvidas que possa ter antes de decidir se o trabalho de fato se encaixa a seu perfil. Ser você mesmo ou mostrar o melhor de si – a decisão é sua.

> Pense em uma entrevista como se fosse um primeiro encontro: comporte-se da melhor forma possível mesmo que não tenha certeza se vai querer se casar.

73

Qual é o momento certo de se calar durante uma entrevista?

Vá direto ao ponto. É assim que as respostas em uma entrevista devem ser. O problema de se estender quando estiver respondendo a perguntas é que você não tem como detectar se o que está dizendo está impressionando ou aborrecendo o entrevistador. Uma entrevista deve ser um diálogo, não uma série de monólogos pontuados ocasionalmente por perguntas feitas pelo entrevistador.

Quando um entrevistador fizer uma pergunta, responda de modo *breve*, embora *completo*. Preste atenção à pergunta e construa uma resposta da lista de pontos importantes a expor, preparada anteriormente (ler pergunta 67). Fale em torno de trinta a sessenta segundos, e então pare. Leia a linguagem corporal dos entrevistadores, observe se estão acenando atentamente, inclinando-se para a frente e tomando notas, ou se estão com o olhar perdido, como se estivessem pensando no que vão jantar naquela noite.

Uma dica é verificar de vez em quando se a sua resposta está de acordo com a necessidade do entrevistador. Uma opção é indagar ao longo da entrevista se as respostas estão no caminho certo, fazendo as seguintes perguntas:

- Este é o tipo de resposta que está esperando?

- Posso lhe contar mais detalhadamente sobre o que eu fazia se for necessário?

- Será que entendi a pergunta corretamente?

- O que estou lhe dizendo está sendo esclarecedor?

Se os entrevistadores quiserem ouvir mais, eles dirão.

Uma vez dada a resposta, cale-se. Pare de falar. Evite se desviar do assunto contando piadas ou lançando mais detalhes. Cale-se. E espere que o entrevistador faça a pergunta seguinte.

> Fale em torno de trinta a sessenta segundos, e então pare.

74

Que cor de gravata ou blusa usar em uma entrevista?

As revistas populares de moda são as grandes culpadas. Elas colocaram na cabeça de alguns entrevistadores que as cores das gravatas, camisas ou ternos podem dizer algo sobre a personalidade de um candidato: vermelho é ousado, azul é frio, esse tipo de coisa.

Como psicólogo, confiem em mim quando digo que cores *não* são uma fonte segura para indicar ao entrevistador qualquer coisa sobre a sua personalidade. Em vez de tentar projetar a personalidade por intermédio das roupas, você deveria concentrar os esforços em misturar as duas coisas – fazer com que as roupas e a aparência demonstrem quem você é.

Seria errado de minha parte insistir em um código de vestir em particular. Os trajes de um profissional de um agressivo banco de investimentos podem ser considerados sisudos em um escritório varejista de moda. O que uma agência de publicidade considera a última moda pode ser visto como uma tentativa forçada em um negócio da área de tecnologia.

Caso esteja muito preocupado em como causar uma boa impressão, você pode:

- *Telefonar antes e falar com a recepcionista.* Explique que foi chamado para uma entrevista e que gostaria de uma dica de como as pessoas se vestem no local. Mas tome cuidado ao esclarecer os detalhes. Por exemplo: "esporte fino" em um banco de investimentos pode significar um terno sem gravata, mas em uma produtora de televisão significa algo mais que um jeans sem tênis desgastados.

- *Vá até o escritório dos futuros empregadores.* Espere do lado de fora e observe os funcionários entrando e saindo. Olhe em particular o que a maioria das pessoas da sua idade está vestindo. Mas lembre-se também de que os gerentes podem se vestir de modo mais formal quando estão entrevistando do que quando não estão recebendo pessoas de fora.

- *Penda para o lado da cautela.* Em caso de dúvida, vista-se um pouquinho melhor do que imagina precisar. É sempre possível tirar uma gravata ou um paletó caso esteja inapropriado.

No entanto, lembre-se também de não exagerar na aparência. Sapatos desgastados podem ser inadequados para um escritório de estatística, enquanto sapatos de salto baixo não são apropriados para candidatas a uma vaga no mercado varejista de última moda. O que você considera sensual pode ser visto como inadequadamente provocativo. Pense no cabelo, maquiagem, joias e em todos os aspectos da aparência que possam servir para que alguém o avalie.

Não tenho como fazer uma lista de todos os elementos da aparência que devem ser levados em conta; tudo que posso fazer é alertá-lo de que a aparência pessoal costuma importar mais do que deveria.

As roupas e a aparência devem demonstrar quem você é.

75

Quais são as armadilhas mais comuns feitas em entrevistas?

Ao longo dos anos, observei muitos candidatos em entrevista. E notei que o que às vezes parece ser uma pergunta direta pode conter armadilhas para os mais incautos. Pense nas respostas que daria para as seguintes questões:

- *"Conte um pouco sobre você."* – Apesar de a pergunta insinuar que você poderia falar sobre quaisquer aspectos da sua vida, lembre-se de que está ali para vender suas habilidades relacionadas ao trabalho e impressionar o entrevistador. Para tal, responda à pergunta como se o entrevistador tivesse perguntado: "Conte resumidamente sobre a parte mais recente de sua carreira e dê uma boa justificativa de por que deveríamos contratá-lo".

- *"O que você sabe sobre a nossa empresa?"* – Em vez de apenas listar alguns atributos da empresa, opte por responder como poderia ajudar a empresa a prosperar e atingir os objetivos. Por exemplo, em vez de citar que a empresa tem um mercado de ações de 28,5%, aproveite a oportunidade para seguir no tema de ações e dar um exemplo de como ajudou o empregador anterior a crescer no mercado de ações.

- *"Quais são seus pontos fracos?"* – Nunca responda que você não tem nenhum ou algo como "Nunca pensei a respeito". Tampouco deve dizer que é um "perfeccionista" ou "não tolera pessoas idiotas", pois os dois casos podem parecer ensaiados. Em vez disso, escolha previamente um ou dois pontos fracos que tenha certeza absoluta de que não pesarão na sua capacidade para executar o trabalho. Por exemplo, como psicólogo, eu responderia que não sou muito bom com números, assim não alarmaria os entrevistadores dando a impressão de que não sou apto para o trabalho.

- *"Onde você se vê daqui a cinco anos?"* – Analise cuidadosamente as perspectivas de crescimento profissional dentro da empresa assim como a linha de carreira da sua função. Por exemplo, se for uma empresa estável em um mercado maduro, as perspectivas de promoção podem ser limitadas, portanto dizer que pretende ser promovido pode demonstrar que você é muito ambicioso se comparado com o que podem oferecer. Por outro lado, se for uma empresa que esteja crescendo com rapidez ou que coloque abertamente no seu site que incentiva o crescimento profissional, não diga que está à procura de um trabalho que lhe permita passar mais tempo com a família. Sempre pense em quais são os objetivos profissionais que o empregador espera ouvir de você.

> O que parece ser uma pergunta direta pode conter armadilhas para os mais incautos.

76

O que é uma "seleção baseada em competências"?

Você precisa saber o que é seleção baseada em competências porque se trata de um método desenvolvido para identificar somente os melhores candidatos e rejeitar os demais. Como tal, é uma técnica de entrevista que acaba expondo mentiras e enganações também. Além do mais, é um método que está ganhando popularidade.

Para encurtar a história, existem boas pesquisas que apontam que um dos melhores meios de prever o sucesso futuro no trabalho é o desempenho no passado. Imagine por um momento que você está contratando, e que está à procura de um candidato para se juntar à empresa como consultor de serviço de atendimento ao consumidor. Você preferiria contratar alguém que *tenha* experiência em lidar com consumidores ou alguém que só fala em como ele *poderia* lidar com os consumidores baseado na teoria? Ou, se estivesse buscando um pesquisador, não se sentiria mais seguro em contratar alguém que pudesse lhe contar como conseguiu chegar àqueles dados com base em diversas fontes e juntar tudo em um relatório do que alguém que diz que provavelmente poderia pegar o jeito?

Competência é apenas um termo técnico para definir habilidade. A diferença entre perguntas com base no perfil de competências é que elas costumam se parecer mais com uma solicitação do que com uma pergunta. Em vez de perguntar *o que*, *quando*, *como* ou *por que*, perguntas com base no perfil de competências vão instruí-lo a contar aos entrevistadores coisas sobre situações específicas que já tenha vivenciado. Preste atenção a aberturas como:

- Conte-me sobre uma época quando você...

- Dê um exemplo de uma situação em que você...

- Você poderia me contar sobre uma situação em que...

- Poderia me contar sobre uma ocasião em que você...

Para citar mais exemplos, são possíveis perguntas como:

- Conte-me sobre um período em que teve de lidar com um colega difícil.

- Você poderia citar uma situação em que teve de convencer um colega a mudar de opinião?

- Poderia me contar sobre um período em que tenha encarado um problema difícil em particular e como lidou com isso de modo satisfatório?

Trata-se de um método de entrevista que frequentemente expõe mentiras e enganações.

77

Qual a melhor forma de responder a perguntas com base no perfil de competências?

A chave para responder a esse tipo de perguntas é falar sobre uma situação *específica* que tenha vivido. Não conte como lidou com determinadas situações de *modo geral*. Tente se lembrar de certo incidente e prepare-se para falar sobre ele o mais detalhadamente possível, como o entrevistador deseja ouvir.

Use o acrônimo DAR(L) para estruturar as respostas:

- *Desafio*. Fale sobre um problema ou oportunidade com que teve de lidar. Explique resumidamente o cenário geral apenas para descrever o que teve de fazer. Muitos candidatos caem na armadilha de perder muito tempo descrevendo os fatos e o contexto, e acabam ficando sem tempo suficiente para falar sobre as ações.

- *Ações*. Fale sobre atitudes que tomou para resolver o problema ou lidar com a oportunidade. Use sempre a primeira pessoa do singular ("Eu analisei...", "Eu disse...") em vez da terceira pessoa do plural ("Nós negociamos...", "Nós decidimos..."). Trata-se de uma entrevista em que *você* está sendo avaliado, não toda a equipe de trabalho. A estrutura da história deve ser baseada nas suas ações. Use "verbos de ação" tais como os listados na pergunta 31 para deixar claro aos entrevistadores qual foi seu papel ao lidar com o desafio. E, por estar falando sobre uma situação enfrentada no passado, tome cuidado para falar sempre no tempo passado. Caso cometa o deslize de usar o tempo verbal presente ("Eu tento...", "Geralmente lido com isso..."), corte imediatamente o discurso, pois nesse caso não está mais respondendo à pergunta que lhe fizeram.

- *Resultado*. Faça um relato breve dos resultados que conseguiu atingir e *quantifique*-os se puder (ler pergunta 30). O ideal é que escolha situações para falar a respeito cujos resultados tenham sido positivos.

- *(Lições)*. Às vezes, um entrevistador pode perguntar também sobre a lição aprendida com a situação – o que aquele incidente em particular lhe ensinou de diferente?

78

Quais são as possíveis áreas de competência para as quais posso ser testado?

Como pode imaginar, existe um número ilimitado de perguntas com base no perfil de competências que os entrevistadores poderiam fazer. Na prática, no entanto, muitas das perguntas não passam de meras variações de temas em comum. Como parte da sua pesquisa e preparação para uma entrevista, examine o anúncio do emprego para selecionar habilidades e qualidades sobre as quais possam pedir que fale a respeito. Por exemplo, se um anúncio de emprego menciona que o empregador busca um candidato "proativo", prepare-se para dar um exemplo de como demonstrou ser proativo usando o acrônimo DAR(L) (ler pergunta 77).

Seguem alguns exemplos de áreas de competência mais comuns que os entrevistadores gostam de investigar:

- *Habilidades analíticas.* Levantar dados, avaliar opções e chegar a conclusões.

- *Habilidades para solucionar problemas.* Fracionar problemas complexos em um número menor de questões, iniciando ou participando de reuniões de *brainstorming* e pesando os prós e os contras de diversas opções.

- *Habilidades de comunicação.* Saber ouvir as necessidades do colega e dos consumidores, transmitindo informações para individualmente ou em grupo, e lidar com conflitos e situações pessoais complicadas.

- *Influência e persuasão.* Utilizar várias táticas (apresentando, por exemplo, um argumento lógico, apelando para o lado bom de alguém, negociando um compromisso etc.) para convencer colegas e consumidores a mudar de ideia.

- *Capacidade para trabalhar em equipe.* Colocar as necessidades do grupo acima das próprias, oferecendo ajuda prática para outras pessoas, assim como apoio emocional.

- *Habilidades organizacionais.* Criar planos e concluir projetos, priorizando desafios para conseguir cumprir prazos apertados, e lidar ou se comunicar com outras pessoas para assegurar que cumpram com sua parte no projeto ou desafio.

- *Demonstrar flexibilidade ou capacidade de adaptação.* Mudar a abordagem quando o método inicial não funciona, ouvir críticas construtivas e mudar seu comportamento, mostrando boa vontade em ajudar mesmo quando não fizer parte da função.

Quando estiver se preparando para uma entrevista, faz sentido pensar em exemplos que poderia citar em resposta a perguntas baseadas no perfil de competências. Mas tome cuidado! Em entrevistas com essa característica, pode ser feita mais que uma pergunta sobre a mesma competência. Se lhe disserem: "Fale sobre uma situação em que convenceu um cliente a mudar de ideia", é bem possível que lhe peçam também: "Fale sobre uma outra ocasião em que convenceu um cliente a mudar de ideia". Portanto, prepare *pelo menos* dois exemplos para cada competência.

Analise o anúncio do emprego para selecionar habilidades e qualidades sobre as quais possam pedir que fale a respeito.

79
A idade é realmente um problema?

Vamos considerar a questão da idade tanto nos currículos quanto pessoalmente.

Primeiro, em um currículo: *não* é necessário colocar a idade. Você pode até mesmo se esquivar, removendo as datas de conclusão do ensino médio e da faculdade. É fato que podem lhe pedir datas de empregos anteriores para que assim determinado recrutador possa calcular aproximadamente a sua idade. Caso a faixa etária esteja acima da faixa exigida pelo empregador, você ainda pode se esquivar omitindo alguns dos primeiros empregos. Mas, caso seja mais jovem, a única estratégia pode ser realçar as habilidades e experiências que já adquiriu ao longo da carreira.

Quando conseguir ser chamado para uma entrevista, ninguém vai lhe dizer na cara que você é muito jovem ou muito velho. Os entrevistadores não correrão o risco de ser processados por discriminação. Você terá de confiar em seu instinto para decidir como vai abordar o tema da maturidade (ou a falta dela, pelo menos aos olhos do empregador) fazendo uma declaração preliminar ou algo do gênero.

Caso acredite que seja muito jovem, aborde o assunto de modo respeitoso. Explique aos entrevistadores que possui a experiência e maturidade necessárias para lidar com quaisquer situações que a função possa requerer. Esteja preparado para citar exemplos do histórico profissional que mostrem como preencheu todos os requisitos do cargo; que a sua sabedoria excede seus anos de vida.

Caso perceba que os entrevistadores o consideraram muito velho, novamente, aborde o tema de modo preventivo. Assegure que, apesar ser um pouco mais velho que os outros candidatos, você possui uma mente jovem, ainda tem sede de aprender e está pronto para enfrentar desafios. Educadamente, mas com firmeza, dê um exemplo palpável aos entrevistadores que contrarie a noção de que pessoas mais velhas são teimosas e que não têm mais disposição para aprender, ou que lhes faltam energia e motivação.

80

Como controlar o nervosismo durante uma entrevista?

Pesquisas apontam que a maioria das pessoas fica mais ansiosa com uma entrevista do que diante de cobras ou aranhas! A seguir, algumas sugestões de como controlar o nervosismo em uma entrevista:

- *Lembre-se de que a prática leva à perfeição.* Quanto mais pesquisar (ler pergunta 63) e ensaiar (ler pergunta 70) antes de uma entrevista, mais confiante você vai se sentir.

- *Respire corretamente.* Quando ficamos nervosos, temos a tendência de respirar de modo superficial, usando apenas a parte de cima dos pulmões. Em vez disso, concentre-se na respiração lenta, usando o diafragma – o músculo logo abaixo dos pulmões. Pouse uma mão sobre o alto do peito e a outra sobre o estômago. Inspire e ao mesmo tempo conte lentamente até três, segure o ar por um momento, em seguida expire lentamente contando até três de novo e, ao mesmo tempo, verificando se a mão que está sobre o estômago subiu e desceu. Chegue mais cedo para a entrevista a fim de que tenha tempo de se sentar e executar a respiração diafragmática.

- *Pratique afirmações positivas.* Afirmações positivas são declarações construtivas sobre você mesmo ou o objetivo que deseja alcançar. Costumamos sempre nos preocupar em focar no que *poderia* dar errado, mas repetir frases positivas pode banir aquela voz negativa do fundo da mente e ajudá-lo a se sentir mais confiante. Prepare algumas orações positivas sobre você mesmo (por exemplo: "Fiz minha pesquisa e conheço meu material" ou "Vou sorrir e mostrar aos entrevistadores que estou confiante") e repita-as; pode ser enquanto estiver sentado na sala de espera antes da entrevista. Para ser mais eficaz, expresse as afirmações em termos do que quer (por exemplo: "Estou calmo e confiante") em vez de se concentrar no que deseja evitar (por exemplo: "Não estou preocupado").

- *Concentre-se para **parecer** confiante.* Os entrevistadores não conseguem adivinhar o que está se passando dentro da sua cabeça; eles o julgam pelo que estão vendo. Controle a linguagem corporal (ler pergunta 68) e a voz (ler pergunta 69) para aparentar confiança. Evite tamborilar os dedos e faça um grande esforço para falar devagar, em particular durante os primeiros minutos vitais (ler pergunta 65), ao conhecer o entrevistador.

> Os entrevistadores não conseguem adivinhar o que está se passando dentro da sua cabeça; eles o julgam pelo que estão vendo.

81
Devo dizer a verdade?

Finalmente chegamos ao título do livro. Muitos candidatos possuem segredos que preferem não revelar aos entrevistadores, como demissão ou problemas no trabalho ou na vida pessoal (ler pergunta 39). Você pode até ter conseguido se esquivar de pontos assim na fase do currículo, mas e se lhe fizerem perguntas diretas sobre esses temas em uma entrevista?

Imagine que tenha duas opções abrangentes para levar em consideração. Prepare de antemão uma resposta (verdadeira) ou então prepare uma mentira que tenha sido tão bem elaborada que um entrevistador não consiga desconfiar de se é verdade ou não.

É claro que estará agindo de modo impróprio caso decida contar uma mentira ou se esquivar da pergunta. Mas você é uma pessoa adulta e eu com certeza não poderei impedi-lo. Minha tática preferida é construir cuidadosamente uma declaração que enfatize a situação pelo melhor ângulo:

- Comece prestando atenção a todos os pontos que podem arruinar as chances de ser chamado para uma entrevista (ler pergunta 39).

- Pegue cada ponto e tente se lembrar de todos os detalhes da situação. Escolha palavras que confirmem os fatos básicos da situação do modo mais neutro possível, por exemplo: "sim, meu chefe me pediu para sair" em vez de "sim, fui demitido".

- Prepare outras sentenças para explicar ou justificar a situação real. Considere demais possibilidades de como apresentar a situação de modo positivo. Fale talvez sobre sua motivação na época ou outras circunstâncias atenuantes que possam tê-lo afetado naquele momento. "Passei por um momento difícil, pois estava me divorciando" ou "Não entendi muito bem qual era a natureza daquela função quando aceitei o emprego, mas não cometerei o mesmo erro novamente", esse tipo de coisa.

Pense nas palavras exatas que poderia usar para explicar a sua situação. Normalmente, costumo aconselhar os candidatos a não decorar respostas para perguntas de entrevistas (ler pergunta 67). No entanto, sob tais circunstâncias, vale a pena preparar detalhadamente ou talvez até mesmo escrever as palavras que se sentiria confortável em repetir. Quando estiver satisfeito com a sua versão dos fatos, pratique dizendo em voz alta até que soe natural, e não ensaiado. O objetivo de preparar uma versão resumida do acontecimento é desviar o foco da questão e fazer com que o problema soe o mais insignificante possível.

> **Construa cuidadosamente uma declaração que enfatize a situação pelo melhor ângulo.**

82

Quais são as possibilidades de ser apanhado caso eu minta?

Tirando a perversidade óbvia do ato de mentir, eu chamaria a sua atenção para a diferença entre mentir sobre fatos "delicados", como o número de dias que esteve afastado, e fatos "brandos", como a respeito de responsabilidades específicas.

Fatos delicados podem ser averiguados com facilidade, apesar de empresas de pequeno porte que em geral não possuem um departamento de recursos humanos tenderem a ser menos sistemáticas ao checar referências (ler pergunta 61).

Tratando-se de fatos mais brandos, alguns candidatos até conseguem se esquivar com mentirinhas leves. No entanto, lembre-se de que você deve ser capaz de responder a todas as perguntas em uma entrevista com detalhes suficientes para não levantar suspeitas. Sim, é possível responder que trabalhou em um projeto particular ou que passou em um exame. Mas e se o entrevistador lhe perguntar algo sobre o plano do projeto, o orçamento, objetivos principais e cronograma? E se o entrevistador lhe perguntar sobre os módulos que você estudou e as questões que escolheu responder no exame?

Pense na linguagem corporal e no tom de voz também. Os entrevistadores costumam acreditar que podem detectar mentirosos, por exemplo, por meio de um desvio de olhar, gagueira ou inquietação. O mais interessante, no entanto, é que pesquisas de psicólogos renomados apontam que até mesmo pessoas treinadas para detectar mentiras, como agentes do FBI e da polícia, tendem a não ser muito bons nisso. O problema é que muitas das características associadas à mentira também surgem quando os candidatos estão apenas nervosos por causa da entrevista. Mentirosos que conseguem controlar a linguagem corporal e o tom de voz são praticamente impossíveis de ser detectados.

As pessoas capazes de se safar com seus engodos são as que costumam fazer isso com frequência e falam mentiras até acabarem soando naturais. Mais do que lançar mão delas na entrevista, falamos aqui de pessoas que integram mentiras a sua vida. Não apenas as listam no currículo, mas também as contam aos amigos; no momento em que são demitidos ou quando não passam em um exame, começam prontamente a mentir a respeito. Eventualmente, tais mentiras acabam se tornando lendas criadas por elas próprias. Pessoas assim mentem até que não consigam mais distinguir a realidade da mentira.

Pesquisar respostas para as perguntas da entrevista só lhe trará vantagens, uma vez que lhe permitirá parecer mais confiante e seguro (ler pergunta 69). Ensaie mentiras e provavelmente também não será apanhado. Agora, se vai conseguir se olhar no espelho depois, é outra questão.

> Ensaie mentiras e provavelmente você não será apanhado. Agora, se vai conseguir se olhar no espelho depois, é outra questão.

83

Devo admitir o motivo pelo qual quero sair do emprego atual?

Confie em mim, posso compreender se estiver trabalhando para um chefe que é um verdadeiro pesadelo, que esteja cercado de colegas encrenqueiros ou se sofre de falta de suporte de TI ou seja lá quais forem os motivos que o levaram a querer cair fora. No entanto, se criticar o patrão, um entrevistador pode ficar receoso sobre o que você possa vir a dizer um dia sobre a empresa na qual pleiteia uma vaga.

Portanto, a resposta à pergunta é não. Evite falar sobre o motivo pelo qual deseja sair.

Do mesmo modo que políticos se esquivam de perguntas que não querem responder, sugiro a você se concentrar mais nos pontos positivos que o levaram a querer se juntar a essa nova empresa do que citar os pontos negativos que o levaram a querer sair da outra. Colocar dessa forma vai fazer com que passe a imagem de uma pessoa positiva e feliz, uma boa aquisição para o time, em vez de passar a ideia de alguém que é frustrado e descontente. Se estivesse entrevistando, desejaria escolher um resmungão para se juntar à equipe?

Na sua pesquisa, levante motivos positivos para querer se juntar a uma empresa, como:

- A reputação da empresa.

- O desafio da função.

- A oportunidade de desenvolver novas habilidades.

- As perspectivas de uma futura promoção ou crescimento profissional.

- A qualidade dos produtos ou serviços oferecidos pela empresa.

E certifique-se de que conseguirá falar sobre os motivos que o levaram a querer fazer parte da nova empresa com um sorriso no rosto. Mostre-se alguém alegre e feliz para convencer o entrevistador de que será uma boa aquisição para o grupo.

> **Concentre-se mais nos pontos positivos que o levaram a querer se juntar à nova empresa do que nos pontos negativos que o levaram a querer sair da outra.**

84

Por que as tampas dos bueiros são redondas?

Entrevistadores ocasionalmente costumam fazer perguntas estranhas para colocar os candidatos sob pressão e ver como se saem. Algumas das perguntas mais estranhas que já ouvi de entrevistadores incluem:

- Se você fosse um personagem de desenho animado, qual seria e por quê?

- Se pudesse escolher jantar com Michael Jackson ou com Albert Einstein, quem você escolheria e por quê?

- Está vendo esta caneta que estou segurando? Venda-a para mim.

- Quantas caixas de suco de laranja são consumidas diariamente na cidade de Nova York?

- Por que as tampas dos bueiros são redondas?

Sim, concordo, são perguntas bobas. Mas, infelizmente, o entrevistador pode achar que são perguntas inteligentes, portanto não há muita opção senão aderir à brincadeira. Seguem algumas dicas de como lidar com as perguntas mais estranhas e notáveis:

- Pergunte ao entrevistador se existem regras para responder às perguntas. O entrevistador pode lhe dar uma noção do que espera.

- Pare e pense antes de responder à pergunta. Não se sinta pressionado a responder de supetão. Pergunte: "Posso pensar durante alguns segundos?", e então pense durante vinte ou trinta segundos se precisar. Caso encontre mais de uma resposta, discuta as duas possibilidades com o entrevistador. Raramente existe uma resposta "correta" para tais perguntas; o entrevistador pode considerar a sua linha de raciocínio tão interessante quanto a resposta. E tome o cuidado de dar uma resposta gentil; quase sempre uma resposta qualquer é melhor do que dizer: "Não sei".

- Tenha em mente que está sendo avaliado tanto pelo emocional quanto pela resposta. Permaneça calmo e sereno e tente demonstrar que está gostando do desafio mental que lhe foi lançado.

A propósito: se lhe perguntassem "Por que as tampas dos bueiros são redondas?", o que você responderia?

> **O entrevistador pode considerar a sua linha de raciocínio tão interessante quanto a sua resposta.**

85

Como devo reagir caso o entrevistador faça uma pergunta ofensiva?

Cada vez mais os empregadores estão sendo desencorajados de fazerem perguntas nesse sentido. Você não é obrigado a responder sobre condição conjugal, etnia, filhos ou com quem eles ficam quando você sai para trabalhar, ou sobre crenças religiosas, opção sexual, ocupação do cônjuge, ocupação ou nacionalidade dos pais, data de nascimento ou idade.

Normalmente os gerentes de recursos humanos sabem quais tipos de perguntas não devem fazer. Porém, muitos gerentes de linha ou não sabem ou optam por desprezar as regras. Caso lhe façam uma pergunta ofensiva, você tem três opções para lidar com ela:

- *Recuse-se a responder à pergunta.* Na teoria, você poderia educadamente dizer ao entrevistador que se trata de uma pergunta inapropriada e que não diz respeito a sua capacidade para realizar o trabalho. No entanto, agir assim significa efetivamente desprezar o entrevistador, e, apesar, é claro, de ele ter lhe dado motivos para fazê-lo, ele pode decidir rejeitá-lo apenas porque pode. Você pode até tentar levar o empregador ao tribunal por discriminação, mas será que poderia mesmo provar isso e será que está preparado para enfrentar um processo?

- *Aponte a natureza controversa da pergunta.* Uma segunda opção poderia ser informar ao entrevistador educadamente que a pergunta é tendenciosa, mas responda de qualquer maneira. Ao fazê-lo, deixe claro que conhece os seus direitos, embora não tenha nada a esconder.

- *Responda à pergunta.* Uma terceira opção poderia ser responder à questão como se ela fosse perfeitamente respeitável. Apenas responda, mas encontre uma maneira de voltar o foco da conversa para seus pontos fortes e adequação à função.

Sinto dizer que não existe nenhuma lei específica sobre perguntas ilegais ou ofensivas. Dizer ao entrevistador que a pergunta é ilegal pode embaraçá-lo a tal ponto que ele pode decidir que não gosta de você o suficiente para querer que trabalhe para ele. Por outro lado, colocar-se diante de outros entrevistadores com uma postura respeitável poderia possivelmente impressioná-los a ponto de melhorar a opinião deles sobre você. Trata-se de um julgamento que cabe a você fazer; tudo que posso recomendar é que esteja pronto para tais perguntas, considere cada situação de acordo com seus méritos e mantenha-se calmo e inabalável.

86
É verdade que devo me "espelhar" no entrevistador para estabelecer uma boa empatia?

As pessoas gostam de pessoas como elas próprias. Em outras palavras: entrevistadores tendem a simpatizar com (e em larga escala) candidatos que pareçam possuir valores, traços e características semelhantes às deles. Fãs da técnica conhecida como programação neurolinguística (PNL) defendem que combinar gestos, linguagem corporal, entonação vocal ou mesmo escolher palavras pode enriquecer o processo de empatia com um entrevistador.

Apesar de haver alguns princípios amplos para parecer alerta e confiante (ler perguntas 68 e 69), acredito que você possa obter benefícios também ao se comportar de modo parecido com o do entrevistador. Pense a respeito.

- *Ritmo da fala.* Preste atenção às características vocais do entrevistador. Ele fala lenta e suavemente, ou rápido e alto? Fale mais rápido ou diminua o ritmo, fale mais baixo ou erga o volume dependendo do estilo dele.

- *O entrevistador usa as mãos e movimenta o corpo.* Se for muito expressivo e gesticular de modo vibrante com as mãos, permita-se usar mais as suas também. O segredo é não copiar exatamente os mesmos movimentos dele, mas usar as suas mãos e os movimentos corporais de maneira semelhante.

- *O entrevistador mostra senso de humor e expressões faciais.* Observe se o entrevistador é informal e espontâneo ou formal e contido. Relaxe e dê mais vazão à sua personalidade caso considere apropriado. Ou, se achar mais adequado, aja como um homem de negócios e assuma uma postura mais profissional.

O objetivo de se espelhar não é imitar os entrevistadores. Eles podem pensar que está zombando. Nem por um momento pense que o aconselho a erguer a mão quando o entrevistador erguer a dele, ou coçar a cabeça enquanto a entrevistadora coça a dela.

Um jeito melhor de pensar a respeito de se espelhar é imaginar que você possui vários botões ou seletores para diferentes aspectos do comportamento. Um seletor do volume para girar quando quiser falar mais alto ou mais baixo. Um seletor para subir e descer de acordo com a sua linguagem corporal e um específico para o humor. Apenas procure ajustar os botões um *pouquinho*, mais para cima ou para baixo, a fim de ficar mais parecido, e não idêntico, a diferentes entrevistadores. Espelhamento é bom; imitação pura é ruim.

> Espelhamento é bom; imitação pura é ruim.

87

Qual o melhor modo de lidar com perguntas sobre pretensões salariais?

A maioria dos candidatos é esperta o suficiente para não falar sobre salário durante uma entrevista – candidatos que abordam o complicado tema monetário podem passar a impressão de ser ambiciosos e de estar mais interessados no dinheiro do que no trabalho. Empregadores raramente simpatizam com candidatos que aparentam querer trabalhar somente por dinheiro. Empregadores gostam de sentir que a empresa deles é especial, que você *quer* trabalhar para eles, que está atraído por determinados aspectos da organização, e não que pensa apenas no dinheiro.

Mas e se os entrevistadores abordarem o tema? O melhor conselho é se esquivar de questões monetárias até que receba uma oferta real. Discutir isso com muito afinco pode passar a imagem de que você custe muito caro (caso ganhe mais do que estão dispostos a pagar) ou pode, ainda, comprometer a capacidade de negociação (caso esteja ganhando menos do que poderiam pagar). Sendo assim, a estratégia é redirecionar perguntas sobre dinheiro. Diga ao entrevistador que dinheiro não é a motivação da sua vida, mesmo que seja. (Por outro lado, muitos gerentes de vendas acreditam que ser ambicioso é bom, portanto, sinta-se livre para desconsiderar essa regra se estiver se candidatando a uma posição na área de vendas.)

A esse ponto você já deve ter feito a pesquisa (ler pergunta 36) para poder avaliar seu valor aproximado. Caso perceba que pode parecer muito oneroso para o entrevistador, diga que está mais interessado em encontrar uma função que seja desafiadora e não que está necessariamente buscando um pacote salarial mais alto.

Tente usar declarações mais vagas: "o importante para mim é encontrar um ambiente em que possa crescer e me sentir desafiado. Prefiro não discutir salário por enquanto". Ou: "até que eu e você sintamos que de fato sou o candidato certo para preencher a vaga, acho que quaisquer discussões sobre salário podem ser prematuras". Mas, se for pressionado, cite um valor aproximado (por exemplo: "algo em torno de 12 a 20 mil") para, dessa maneira, não limitar as opções de negociação mais tarde.

Uma estratégia alternativa caso seja um gerente sênior com um pacote de remuneração que inclua salário, benefícios e bônus é esboçar um documento de uma página detalhando o pacote de remuneração atual. Diga ao entrevistador que o documento representa o que você recebe atualmente (ou recebia), e reitere que está aberto a negociação depois que souber mais a respeito da função.

> **Esquive-se de questões monetárias até que receba uma oferta de emprego.**

88

Vale a pena praticar para testes psicotécnicos?

Depende. Em primeiro lugar, procure saber se vai ser submetido ou não a quaisquer testes psicotécnicos. Algumas empresas avisam se o candidato terá ou não de fazê-los.

Em segundo lugar, tente descobrir a que tipos de testes será submetido. Se for um teste de *personalidade*, não faz sentido praticar (leia a pergunta 89). No entanto, se for submetido a um teste de *aptidão*, as principais palavras às quais deve dar atenção incluem *raciocínio verbal, numérico e lógico, pensamento crítico* e *localização espacial*, então nesse caso vale a pena praticar um pouco.

Sem sombra de dúvida, os testes mais comuns de aptidão analisam o raciocínio verbal (como você se sai com as palavras e os conceitos escritos) ou o raciocínio numérico (a capacidade de lidar com números, e possivelmente gráficos e fluxogramas também).

Apesar de não ter como prever quais perguntas exatamente constarão nos testes de aptidão de cada empregador, ainda vale a pena arrumar alguns exemplos de testes para praticar. Mesmo que tenha completado alguns testes totalmente diferentes e distintos, a tarefa pode ajudá-lo a se preparar para o grande dia. Pode ao menos auxiliá-lo a se acostumar a ler uma série de instruções cuidadosamente, trabalhando contra o relógio e se concentrando com total atenção a um problema durante vinte a quarenta minutos sem pausa.

Existem vários livros no mercado que podem ajudá-lo a praticar para os testes de aptidão. Ou digite no seu site de busca as palavras "testes de aptidão". Aquele único livro ou vários testes on-line, somados a duas ou três horas de prática, podem fazer a diferença entre uma pontuação que o leve a ser rejeitado e outra que o faça conquistar a vaga.

89

Devo forjar as respostas nos testes de personalidade?

Você provavelmente já deve ter ouvido a desgastada frase "não existem respostas certas ou erradas" em um teste de personalidade. Infelizmente, terei de rebater esse mito.

Você pode ser submetido a um teste de personalidade para que, com base nele, o empregador decida ou não chamá-lo para uma entrevista. Ou pode ser submetido ao teste na entrevista propriamente dita. Em ambas as situações, os resultados do teste servirão para selecionar candidatos indesejados. O empregador vai examinar os resultados e decidir se a sua personalidade vai se enquadrar na equipe dele. Portanto, existe uma resposta "correta" para o teste no sentido de que uma resposta errada não o deixará conseguir o emprego.

Mas não estou sugerindo que você encontre um modo de forjar suas respostas. Para começar, muitos testes de personalidade são estruturados de acordo com a escala de "aceitação social", que verifica o quanto você pode estar tentando adivinhar o que o entrevistador está buscando. Alterar muito as respostas pode indicá-lo como um trapaceiro que está tentando burlar o sistema deliberadamente.

No entanto, as dicas a seguir poderão ajudá-lo a se apresentar como você mesmo, embora de um ângulo mais privilegiado:

- *Responda às perguntas referentes ao perfil como um profissional.* Pense em como você se comporta no trabalho em vez de como se comporta em casa. Você pode ser relaxado em casa, mas é provável que tente ser mais organizado no ambiente de trabalho. Por isso responda com uma imagem firme do seu comportamento no trabalho em vez de em casa.

- *Você deve se dar o benefício da dúvida.* Evite ser muito crítico com você mesmo. Todos nós temos dias ruins e dias bons. Quando decidir por assinalar o sim ou o não em um quadrinho em particular, pense que está em um bom dia em vez de em um dia comum. Se estiver em dúvida entre quais dos quadrinhos assinalar, escolha uma resposta mais positiva. Pense em você mesmo como sua mãe ou seu melhor amigo pensariam.

Se houver *necessidade* de trapacear, pelo menos não o faça de modo muito óbvio. Lembre-se da irritante escala de aceitação social. Em vez de alterar cada uma das respostas, altere apenas uma a cada três ou quatro. Mas depois não vá dizer que não o avisei!

> **Pense em você mesmo como sua mãe ou seu melhor amigo pensariam.**

90

Quais são as melhores perguntas a serem feitas para os entrevistadores?

Quando perguntarem se tem alguma pergunta a fazer, você pode se sentir tentado a responder: "Não, porque você já sanou todas as minhas dúvidas ao longo da nossa conversa". Mas isso seria um erro.

Fazer perguntas inteligentes é sinal de inteligência. As perguntas demonstram interesse pelo trabalho. Perguntas apropriadas podem mostrar que você pesquisou para se preparar para a entrevista. No entanto, verifique os sites das empresas e outras publicações para se certificar de que já não tenha obtido as respostas às perguntas de outro modo.

Elenquei certa variedade de perguntas a seguir, mas tome cuidado com o tom – seu objetivo deve ser parecer interessado em vez de intrusivo ou suplicante. Escolha algumas das perguntas a seguir sobre a rotina diária do trabalho:

- Se eu for contratado, como seria um típico dia de trabalho?

- Que tipo de treinamento vou receber inicialmente?

- A vaga já está aberta?

- Como o meu desempenho será avaliado?

- Como você vê o desenvolvimento desta função?

- Que tipo de caminhos profissionais as pessoas seguem dentro da empresa?

Talvez você queira fazer algumas perguntas sobre a cultura da empresa também:

- Que tipo de pessoas se destacam dentro da empresa? Por quê?

- Quando outras pessoas se juntaram à equipe e não deu certo, o que elas fizeram de errado?

- Você se importaria se eu lhe perguntasse por que resolveu trabalhar nesta empresa?

No entanto, fique atento, pois um gerente sênior deveria fazer perguntas distintas das de um candidato em início de carreira. Espera-se que um gerente sênior mostre um lado mais estratégico e interessado na empresa como um todo; de um candidato iniciante é esperado que mostre mais interesse no trabalho em si. Se estiver em uma posição ainda mais alta, selecione talvez algumas perguntas que demonstrem uma capacidade de visualizar o todo:

- Você poderia falar sobre os planos futuros da empresa?

- Quais são os produtos ou serviços que estão em *pipeline*?

- Quais são as principais prioridades da empresa para os próximos 12 a 18 meses?

- Como _____ afetou a estratégia dos negócios? (Insira uma notícia apropriada no espaço em branco.)

> **Fazer perguntas inteligentes é sinal de inteligência.**

91

Quais são as perguntas que nunca devem ser feitas em uma entrevista?

Já sugeri que você evitasse perguntar sobre salário e benefícios antes de ter recebido uma proposta (ler pergunta 87) para não parecer muito ambicioso nem interessado apenas no dinheiro.

Mas existem também outros tópicos que não devem ser abordados:

- *Horas de trabalho.* Evite perguntar sobre o número de horas trabalhadas ou com que frequência a equipe precisa trabalhar além do expediente ou nos fins de semana. Tais perguntas alertarão em letras garrafais que você está mais preocupado em ir para casa no horário do que em executar um bom trabalho. Na possibilidade de escolher entre você e um candidato que tenha o mesmo talento, é claro que o empregador vai escolher quem pareça mais disposto a trabalhar duro sem se preocupar com ninharias.

- *Número de viagens que a função requer.* Novamente, entrevistadores podem interpretar a pergunta como um sinal de que está preocupado em ter de ficar longe de casa e que poderia se recusar a fazer viagens a trabalho.

- *Possibilidade de trabalhar em casa.* Muitos empregadores, em segredo, ainda acreditam que os funcionários que "trabalham em casa" estão lavando a roupa ou assistindo à televisão em vez de se dedicar ao trabalho com afinco. Mesmo que tenha se dado bem trabalhando em casa nos empregos anteriores, nunca aborde o assunto.

- *Se a empresa oferece creche (especialmente se você for mulher).* Infelizmente, alguns entrevistadores, em geral os mais velhos, homens, ainda têm uma visão ultrapassada com relação aos pais (e em particular com relação às mães) em ambientes de trabalho. Temem que crianças que precisem ser apanhadas na escola ou necessitem de cuidados quando eventualmente doentes possam reduzir seu desejo de cumprir com as exigências do trabalho.

Lide com as dúvidas que tiver com relação ao cargo só *depois* de ter recebido uma oferta. Até lá, faça apenas perguntas que demonstrem o quanto você almeja a função.

> **Lide com as dúvidas que tiver com relação ao cargo só depois de ter recebido uma oferta.**

92

Deve-se enviar uma carta de agradecimento ou isso já está fora de moda?

Simplesmente porque uma prática saiu de moda não significa que você não possa adotá-la mais. Na verdade, são tão raros os candidatos que enviam cartas de agradecimento que os que o fazem podem causar uma boa impressão nos entrevistadores.

Você vai ler este conselho em qualquer livro que trate sobre o tema "procura de emprego", mas garanto que pelo menos nove entre dez leitores pensarão: "Não, vou deixar este conselho de lado". Se passou horas redigindo o currículo, pesquisando sobre a empresa e participando de várias rodas de entrevistas, por que não gastar mais cinco minutinhos escrevendo uma carta de agradecimento personalizada?

Ao contrário de escrever uma nota de agradecimento para as pessoas da rede de relacionamentos que o ajudaram (ler pergunta 55), pense com cuidado se deve usar e-mail ou uma carta mais ao estilo tradicional. Se tiver certeza de que é o último candidato que está sendo entrevistado, talvez seja melhor enviar a carta via e-mail para garantir que ela chegue a tempo de influenciar a decisão de cada um dos entrevistadores. Em todas as outras circunstâncias, no entanto, escreva uma carta de próprio punho, uma vez que e-mails são muito mais fáceis de ser deletados ou ignorados.

Na carta de agradecimento, aborde com as próprias palavras os seguintes pontos:

- Que gostou muito de ter conhecido os entrevistadores e de ter ouvido sobre a empresa. Comente o quanto ficou impressionado com a integridade dos entrevistadores, com as descrições que fizeram sobre um novo produto que está prestes a ser lançando, sobre um desafio em particular ou oportunidade mencionada, e assim por diante.

- Que ficou com uma impressão positiva do cargo e da empresa, e que espera com ansiedade ser chamado.

- Que possui as habilidades e qualidades certas para a função. Refira-se a algum benefício em particular que você poderia trazer ao empregador e que ajudaria a empresa a obter mais sucesso.

Outro modo de pensar sobre as cartas de agradecimento é que você poderá então adicionar o entrevistador à rede de relacionamentos. Não ser selecionado para o emprego não significa que os entrevistadores não o avaliaram bem. É possível que você seja um forte candidato, mas que havia outro mais forte, ou talvez um candidato favorecido internamente que foi escolhido por motivos políticos. Enviar uma carta de agradecimento e pedir um feedback (ler pergunta 93) permite-lhe adicionar os olhos e os ouvidos dos entrevistadores na busca por sua recolocação.

> Por que não gastar mais cinco minutinhos escrevendo uma carta de agradecimento personalizada?

93

É possível os entrevistadores darem algum feedback útil depois das entrevistas?

Entrevistadores odeiam dar feedbacks negativos. Eles dizem que os candidatos começam a discutir, e, cada vez mais, estão com receio de que o que disserem possa ser usado para processá-los. Não é de surpreender que muitos entrevistadores tenham optado apenas por não dar mais feedbacks.

Contudo, não significa que nenhum entrevistador poderá lhe dar um retorno. Com certeza você não receberá nenhum feedback útil sobre o seu desempenho na entrevista se não telefonar para ele. Vá atrás do retorno. A seguir, algumas diretrizes de como buscar de modo positivo um feedback pós-entrevista:

- *Não permita que os entrevistadores se livrem de você com um comentário em linhas gerais.* Os entrevistadores costumam dizer: "Havia outro candidato com mais experiência". Apesar de provavelmente ser verdade, insista em perguntar como você se saiu até conseguir algum comentário sobre como *poderia* ter feito melhor.

- *Assegure aos entrevistadores que você não vai discutir com eles.* Diga aos entrevistadores que estão livres para dar uma opinião e que você não vai contradizê-los; use seu charme para convencê-los de que não ficará na defensiva.

- *Faça perguntas específicas sobre seus pontos fracos.* Os entrevistadores naturalmente vão se concentrar no que você fez certo. Insista com gentileza ao pedir um feedback negativo e os encoraje a compartilhar com você até mesmo as pequenas críticas construtivas.

- *Não fique na defensiva nem argumente contra o que o entrevistador disser.* Se você disse que não iria discutir, mantenha a palavra, não importa o quanto tenham sido inesperadas ou ofensivas as impressões do entrevistador em relação a você. E controle o tom de voz. Até mesmo o mais sutil sinal de irritação ou agressividade no timbre de sua voz pode fazer com que o entrevistador desista de lhe dizer o que ele realmente pensa.

- *Use as ligações telefônicas para pedir feedback como uma oportunidade de adicionar os entrevistadores à rede de relacionamentos.* Agradeça pelo tempo despendido e, se tiver a sensação de que realmente acreditaram que você era um candidato forte, pergunte se estariam dispostos a ajudá-lo a ficar de olho em outras oportunidades parecidas que possam surgir.

> **Não fique na defensiva nem argumente contra o feedback.**

94

Socorro! Por que estou sendo chamado para entrevistas, mas não estou recebendo ofertas?

Falando de modo bem objetivo, quando você é chamado para uma entrevista, terá uma chance em quatro de receber uma oferta de emprego. Se não receber pelo menos uma oferta depois de cada quatro entrevistas, talvez seja melhor repensar sua técnica de entrevista.

Reflita sobre algumas das seguintes opções:

- *Peça a seu "consultor amador" que o entreviste para uma vaga.* Caso não tenha feito isso ainda, peça aos consultores (ler pergunta 52) que o entrevistem (ler pergunta 70) para um anúncio de emprego para o qual tenha sido entrevistado, mas cuja vaga não tenha conseguido. Depois disso, solicite ao consultor que avalie não somente o conteúdo do que você disse, mas também o modo como disse.

- *Peça a outros conhecidos que o entrevistem.* Solicite aos conhecidos (em vez de a amigos que o conhecem muito bem) que façam parte da rede de relacionamentos que o entrevistem. Busque pessoas que costumam entrevistar candidatos como parte de sua função. Sugira, talvez, um encontro no final do dia para uma entrevista simulada e pague um jantar para a pessoa depois. Uma refeição e uma taça de vinho podem ser o encorajamento de que ela precisa para dar o tempo entre a entrevista que acabou de fazer e lhe dar um feedback.

- *Busque aconselhamento profissional.* Um consultor de carreira pode ser mais objetivo em lhe dizer como você se saiu. Além do mais, ele é pago para lhe fornecer a verdade nua e crua, não importa o quão dura ela possa ser (ler pergunta 13). No entanto, pague somente por hora, e certifique-se de que está buscando ajuda de alguém que de fato recrute e entreviste candidatos. Existem alguns "treinadores" que tentam aconselhar candidatos apesar de nunca terem entrevistado do ponto de vista de um empregador.

- *Entre em contato com um dos entrevistadores e peça* **mais** *feedback.* Escolha o entrevistador com quem tenha estabelecido uma relação de empatia, aquele que lhe pareceu ser o mais solícito e amistoso. Explique que tem sido descartado após várias entrevistas e peça algumas sugestões ou observações, não importa o quão triviais elas possam parecer do ponto de vista do entrevistador. Reitere que está em busca apenas de observações sinceras e que não ficará na defensiva nem tentará convencê-los a mudar de ideia.

95

O que fazer caso não esteja sendo chamado para nenhuma entrevista?

Se não estiver sendo chamado para nenhuma entrevista, deveria levar em consideração as seguintes opções:

- *Peça feedback sobre a eficácia do currículo.* Mostre aos consultores (ler pergunta 52) e conhecidos o seu currículo atualizado e as cartas de apresentação que enviou para cada anúncio de emprego. Solicite conselhos específicos de como poderia ter estruturado tudo de modo mais eficaz.

- *Pense se não está se candidatando para os empregos errados.* Não importa o quanto estejam bem redigidos o currículo e as cartas de apresentação, pergunte a você mesmo se não está se candidatando a vagas para as quais não está qualificado. Talvez você não possua a habilidade específica, as qualificações ou experiência necessárias para a vaga almejada. Reflita se talvez não fosse melhor voltar o seu foco para outros tipos de funções (por exemplo, aquelas que estejam mais de acordo com seus pontos fortes) ou aprimorar suas habilidades, qualificações e experiência, prestando um serviço temporário, sendo voluntário (ler pergunta 96) ou fazendo algum treinamento, e assim por diante.

- *Verifique a eficácia da sua dedicação à networking.* Fazer networking é considerado o método mais produtivo em termos de investimento de tempo para alguém que está à procura de um emprego (ler pergunta 9). No entanto, é preciso fazê-la de modo correto para que dê resultados. Pense se está usando as melhores habilidades quando estiver trabalhando com a rede de relacionamentos.

- *Amplie o conjunto de táticas.* A procura por um emprego é, infelizmente, um pouco parecida com um jogo de números. A quanto mais vagas se candidatar e com quanto mais pessoas falar a respeito, tanto maiores serão as chances de conquistar um emprego. No entanto, ninguém pode garantir que somente a networking vai arrumar um emprego para você. Se estiver basicamente confiando em algumas estratégias, pense em introduzir algumas novas ao conjunto (ler pergunta 39).

96

Como não entrar em pânico caso fique desempregado por algum tempo?

Em primeiro lugar, leve em consideração o período que pessoas com as suas habilidades e experiência costumam esperar até encontrarem um emprego (ler pergunta 6). Por exemplo, um gerente sênior pode esperar por seis meses ou mais; um funcionário administrativo iniciante em média deve arrumar um emprego em alguns poucos meses.

Considere quais são os pontos centrais da sua estratégia. Estão no modo como tem se candidatado às vagas (ler pergunta 95) ou no seu desempenho nas entrevistas (ler pergunta 94)? Em particular, pense se a sua ansiedade por encontrar um emprego não está muito óbvia aos outros. Desespero, reclamações ou lamúrias só farão com que as outras pessoas se sintam *menos* dispostas a ajudá-lo.

Caso esteja desempregado há mais de três meses, é melhor fazer alguns planos a longo prazo para garantir que você continue empregável e possa falar de modo confiante durante o tempo que for preciso esperar sem um trabalho remunerado:

- *Considere a possibilidade de aceitar um trabalho temporário.* Empregadores temem que pessoas que passaram por longos períodos de desemprego tenham perdido a habilidade ou motivação para trabalhar com afinco e trazer resultados. Pense em ir atrás de algum trabalho temporário, mesmo que o salário seja menor do que o que recebia anteriormente. O objetivo de fazer isso é adquirir mais experiência sobre a qual possa falar durante as entrevistas a fim de provar que não perdeu a empregabilidade.

- *Considere um trabalho voluntário.* Se estiver muito difícil arrumar um trabalho temporário remunerado, considere a possibilidade de procurar uma instituição de caridade, um partido político, escola, igreja, hospital, comitê comunitário, associação de bairro ou outra organização para a qual possa prestar serviço. Pergunte para as pessoas da rede de relacionamentos sobre oportunidades em que possa usar as habilidades que mais queira aprimorar. Mesmo que a função seja inferior à que costumava executar, pelo menos poderá conversar com pessoas sobre o trabalho em equipe, contribuir para um propósito, e assim por diante. Pense na possibilidade de trabalhar ao menos uma ou duas vezes por semana como oportunidade de aproveitar o período de desemprego de modo mais positivo.

- *Matricule-se em um curso ou em um programa de treinamento.* Muitos candidatos tentam omitir os períodos de desemprego alegando que estiveram "estudando" (ler pergunta 38). Em vez de apenas fingir que esteve estudando, por que não se matricular em um curso ou em algo que possa ajudá-lo a se aprimorar? O ideal é que busque um curso que enriqueça a sua empregabilidade aos olhos do empregador.

Desespero, reclamações ou lamúrias só farão com que as outras pessoas se sintam menos dispostas a ajudá-lo.

97

O que fazer quando os entrevistadores acabam com uma impressão errada a meu respeito?

A primeira impressão é a que fica (ler pergunta 65). Infelizmente, pode ser um tanto difícil descobrir a visão que os outros têm de você.

Ninguém gosta de receber feedbacks negativos, por isso não se dê ao trabalho de perguntar a nenhum dos seus amigos, pois eles não iriam gostar nada que você atirasse contra o mensageiro, isto é, contra eles. Amigos não dirão cara a cara que você é muito calado ou cansativo, arrogante ou preguiçoso, ou seja lá o que for.

A primeira opção é buscar feedback dos entrevistadores (ler perguntas 93 e 94). Se o plano falhar, talvez seja melhor pedir ajuda aos consultores sobre como se comportar diante de pessoas totalmente estranhas. Peça aos "consultores amadores" (ler pergunta 52) que marquem um encontro com um dos conhecidos do meio profissional deles para você. Trate o encontro como uma oportunidade de levantar informações para aprender sobre a área de atuação deles. Após ter encerrado um desses encontros, peça ao consultor que busque um feedback de como você se saiu. Encoraje o consultor a enumerar muito mais pontos negativos do que positivos.

Quanto tiver recebido o retorno, tenha vindo de um entrevistador, de um consultor ou de um conhecido do consultor, você poderá trabalhar seu perfil, melhorando a linguagem corporal e praticando o tom de voz apropriado para as futuras entrevistas (ler perguntas 68 e 69).

No entanto, se quiser impressionar ainda mais os entrevistadores, considere a possibilidade de preparar uma lista de tudo o que deve ser corrigido, tudo o que possam ter interpretado equivocadamente em relação a você. Pense em como pode explicar quaisquer contradições em relação a sua capacidade para a função e como as enfrentou. Se, por exemplo, achar que os entrevistadores estejam pensando que você é "muito relaxado", "superconfiante" ou "um tanto confuso", você pode abordar o assunto e, ao chamar a atenção para isso, encoraje-os a reconsiderar a primeira impressão que tiveram a seu respeito.

> Amigos não dirão cara a cara que você é muito calado ou cansativo, arrogante ou preguiçoso.

98

Por que ainda não consegui arrumar um emprego?

Existem dois motivos para você não ter arrumado um emprego. O primeiro: você pode estar perdendo tempo no caminho errado, talvez não tenha feito a networking de modo eficaz, personalizado os currículos para cada vaga em particular, enviado cartas de apresentação cuidadosamente elaboradas para as empresas, e assim por diante (ler pergunta 95). O outro motivo, no entanto, pode ser que talvez não esteja dedicando tempo suficiente na sua busca por um emprego.

De tempos em tempos deparo com pessoas à procura de emprego que passam um tempinho folheando o caderno de empregos e buscando vagas na internet; fazem algumas ligações e enviam e-mails. Mas, essencialmente, não estão dedicando dez horas por dia na busca por um emprego. O que é um grande erro.

Vamos presumir que leve duzentas horas para se encontrar um emprego de iniciante. Se você dedicar dez horas por semana na busca, significa vinte semanas para encontrar um emprego. Se dedicar vinte horas por semana buscando, então poderia encontrar um emprego em apenas dez semanas. Aumente o número de horas para quarenta horas integrais por semana, e então poderá arrumar um emprego dentro de apenas cinco semanas.

É claro que os números referidos antes servem apenas para ilustrar. Mas, a menos que você trate a sua busca por emprego como um trabalho de tempo integral e não remunerado, não estará aumentando a probabilidade de obter sucesso.

Segue outro erro comum: não confunda atividade com produtividade. Dez horas navegando na internet é mera atividade; dez horas se encontrando com três pessoas importantes é produtividade. Ao final de cada dia, trace os objetivos para o dia seguinte. A seguir, uma lista de objetivos que você deve traçar para si mesmo:

- Encontre-se pessoalmente com pelo menos um *novo* contato por dia. Marque o encontro para simular uma entrevista, obter informações ou referências.

- Pesquise seriamente sobre uma empresa para quem queira trabalhar. Visite as lojas deles, os *showrooms*, filiais ou distribuidores; vá até os clientes, concorrentes e fornecedores. Leia sobre eles na internet ou em bibliotecas; converse com as pessoas da rede de relacionamentos. Então escreva para o chefe da empresa e explique o que poderia fazer por eles (ler pergunta 57).

- Fale com as pessoas da rede de relacionamentos e arrume pelo menos mais cinco novos contatados de referência para os quais ligar no dia seguinte.

- Envie notas de agradecimento para cada pessoa com quem tenha se encontrado ou falado no dia anterior.

- Entre em contato com algumas pessoas com quem não conversa há um mês. Pegue o telefone; enviar e-mail não conta como forma *eficaz* de entrar em contato!

Parece um bocado de trabalho, não é mesmo? Sim. Muito? Talvez. Mas não relaxe só porque sua ocupação de tempo integral no momento é buscar um trabalho remunerado. Por outro lado, se tentar isso durante uma semana e ultrapassar seus objetivos, obviamente você é um trabalhador dedicado; aumente então em 10% os objetivos do dia seguinte.

> Não confunda atividade com produtividade.

99

Devo jogar com duas ofertas de emprego?

Jogar um empregador contra o outro é uma estratégia arriscada. É verdade que você tem mais poder de negociação se recebeu uma oferta de emprego, mas seria arrogante esperar que um empregador segure a vaga em aberto para você por tempo indefinido. Os empregadores gostam de sentir que você deseja trabalhar para eles não apenas por dinheiro. Ficar indeciso entre quatro ou duas (ou mais) ofertas pode dar a impressão de que está interessado *apenas* em dinheiro e eventualmente pode acabar irritando um empregador o suficiente para que ele retire a oferta. Aí então o jogo acabou. Você perdeu.

Seguem algumas diretrizes eficazes para realizar uma boa negociação:

- *Só discuta o salário **depois** de ter recebido a oferta.* Já mencionei isso (ler pergunta 87), mas é muito importante e vale a pena comentar brevemente outra vez. Procure se esquivar de perguntas sobre salário e nunca aborde o tema de imediato.

- *Saiba qual é seu valor no mercado.* Antes de qualquer discussão sobre salário, assegure-se de que tenha conversado antes com um consultor de recrutamento e conhecidos do meio profissional em funções parecidas com a sua para descobrir quanto pessoas com seu nível estão recebendo. Tenha em mente, no entanto, que uma pessoa que executa o mesmo trabalho (por exemplo, um contador ou um engenheiro) pode facilmente ganhar mais em uma empresa do que em outra (compare, por exemplo, o setor financeiro e o de manufatura).

- *Induza o empregador a mencionar um valor primeiro.* Negociações de salário são como um jogo de pôquer. O primeiro que mostrar a mão, em geral, perde. Faça o possível para encorajar o empregador a estipular uma quantia primeiro. Pode estar certo de que o valor vai se aproximar do *mínimo* que você espera ganhar.

- *Concentre-se no pacote completo.* Tenha em mente que benefícios como ajuda de custo para moradia, carro, bônus garantido de acordo com o desempenho, plano de saúde, seguro de vida, cobertura de pagamento para cursos, e coisas semelhantes, podem aumentar substancialmente o pacote completo de remuneração. Leve em consideração os elementos não financeiros tais como flexibilidade de trabalho, férias adicionais e acordo para trabalhar em casa durante determinados dias da semana. Se o empregador se recusar a aumentar o valor do salário, busque um acordo nos outros elementos do pacote completo.

- *Avalie por escrito a oferta final.* Comemore apenas depois de ter visto a oferta por escrito. Negociações são traiçoeiras, e ofertas de emprego que não são colocadas por escrito não valem nada.

> Negociações de salário são como um jogo de pôquer. O primeiro a mostrar a mão em geral perde.

100

Mais algum conselho antes que eu aceite uma oferta de emprego?

Junte-se a uma empresa sem ter feito antes as perguntas certas e você poderá aceitar o trabalho errado. Entrevistadores que estão ávidos para que você se junte ao time podem oferecer uma imagem distorcida da empresa. Apenas pesquisando a fundo é que você vai descobrir se realmente se "encaixa" ou não.

Procure na rede de relacionamentos por pessoas que conhecem funcionários ou ex-funcionários da empresa e solicite a opinião de alguém de dentro. Peça permissão para visitar a empresa informalmente e converse com os futuros colegas de trabalho. Convide alguns para um almoço ou um drinque depois do expediente e deixe-os à vontade para lavar a roupa suja (ler pergunta 91).

Pergunte especificamente sobre a cultura da empresa, sobre regras e regulamentos que não estão por escrito, o código implícito que determina como as pessoas devem ou não se comportar umas com as outras. Do contrário, se quiser trabalhar com plena liberdade e a empresa for daquelas que gostam de gerenciar tudo com rédeas curtas, haverá um bocado de problemas. Se é do tipo que gosta de dedicar muito tempo trocando ideias com os outros, mas a empresa prefere pessoas que resolvam os problemas sozinhas, você vai se sentir muito solitário.

Reflita sobre as seguintes questões:

- Que tipo de pessoas tem sucesso nas empresas? E que tipo não tem?

- Como é *de fato* o chefe da equipe? Quais são os pontos bons e não tão bons dele?

- Qual é a melhor coisa sobre a empresa?

- Como as decisões são tomadas? Quanto de politicagem circula?

- Quais são os pequenos detalhes que frustraram você com relação à equipe e à empresa?

- O que os membros da equipe fazem para manter o chefe do lado deles? E o que aborrece o chefe?

Você deve fazer muitas perguntas para verificar se realmente se encaixa. A lista anterior representa apenas algumas das perguntas que você pode querer fazer. A escolha final sobre se deve ou não assinar o contrato é sua. Mas recomendo que olhe, escute os consultores, e olhe novamente antes de dar o passo final.

Boa sorte, e conte-me como você se saiu!

> Entrevistadores que estão ávidos para que você se junte ao time podem oferecer uma imagem distorcida da empresa.

Conheça outros títulos da Editora Original:

Impressão e acabamento:

tel.: 25226368